全国中职汽修技能大赛指导丛书

汽车二级维护实训图册

上海景格汽车科技有限公司 组织编写
宋开健 主 编
朱 军 主 审

人民交通出版社
China Communications Press

图书在版编目（CIP）数据

汽车二级维护实训图册/宋开健主编.—北京：人民交通出版社，2010.5

（全国中职汽修技能大赛指导丛书）

ISBN 978-7-114-08325-9（重印2011.4）

Ⅰ.①汽… Ⅱ.①宋… Ⅲ.①汽车-车辆修理-专业学校-教学参考资料 Ⅳ.①U472

中国版本图书馆CIP数据核字（2010）第060477号

全国中职汽修技能大赛指导丛书

书　　名：汽车二级维护实训图册

著 作 者：上海景格汽车科技有限公司
宋开健

责任编辑：谢　元

出版发行：人民交通出版社

地　　址：（100011）北京市朝阳区安定门外外馆斜街3号

网　　址：http://www.ccpress.com.cn

销售电话：（010）59757973

总 经 销：人民交通出版社发行部

经　　销：各地新华书店

印　　刷：中国电影出版社印刷厂

开　　本：880 × 1230　1/16

印　　张：8.5

字　　数：215千

版　　次：2010年5月 第1版

印　　次：2015年11月 第5次印刷

书　　号：ISBN 978-7-114-08325-9

印　　数：11001—14000册

定　　价：35.00元

内 容 提 要

本图册以丰田卡罗拉轿车1.6AT车型为例，介绍40 000km二级维护的操作流程。按车辆举升位置共分为9个步骤，实施相应的检查和作业项目。同时，本图册紧密结合“全国中职汽车运用与维修技能大赛”汽车二级维护作业的192个项目，由于大赛要求两人配合进行，本图册要根据两人具体特点分工和协作完成。

目 录

一、工作场景准备…… 2
二、举升位置一——举升机未升起…… 3
三、举升位置二——举升机升至低位…… 64
四、举升位置三——举升机升至高位…… 66
五、举升位置四——举升机升至中位…… 88
六、举升位置五——举升机升至低位…… 102
七、举升位置六——举升机升至中位…… 104
八、举升位置七——举升机降至低位，轮胎触及地面…… 106
九、举升位置八——举升机升至高位…… 125
十、举升位置九——举升机未升起…… 127
十一、二级维护检查程序表 …… 129

车辆举升位置示意图

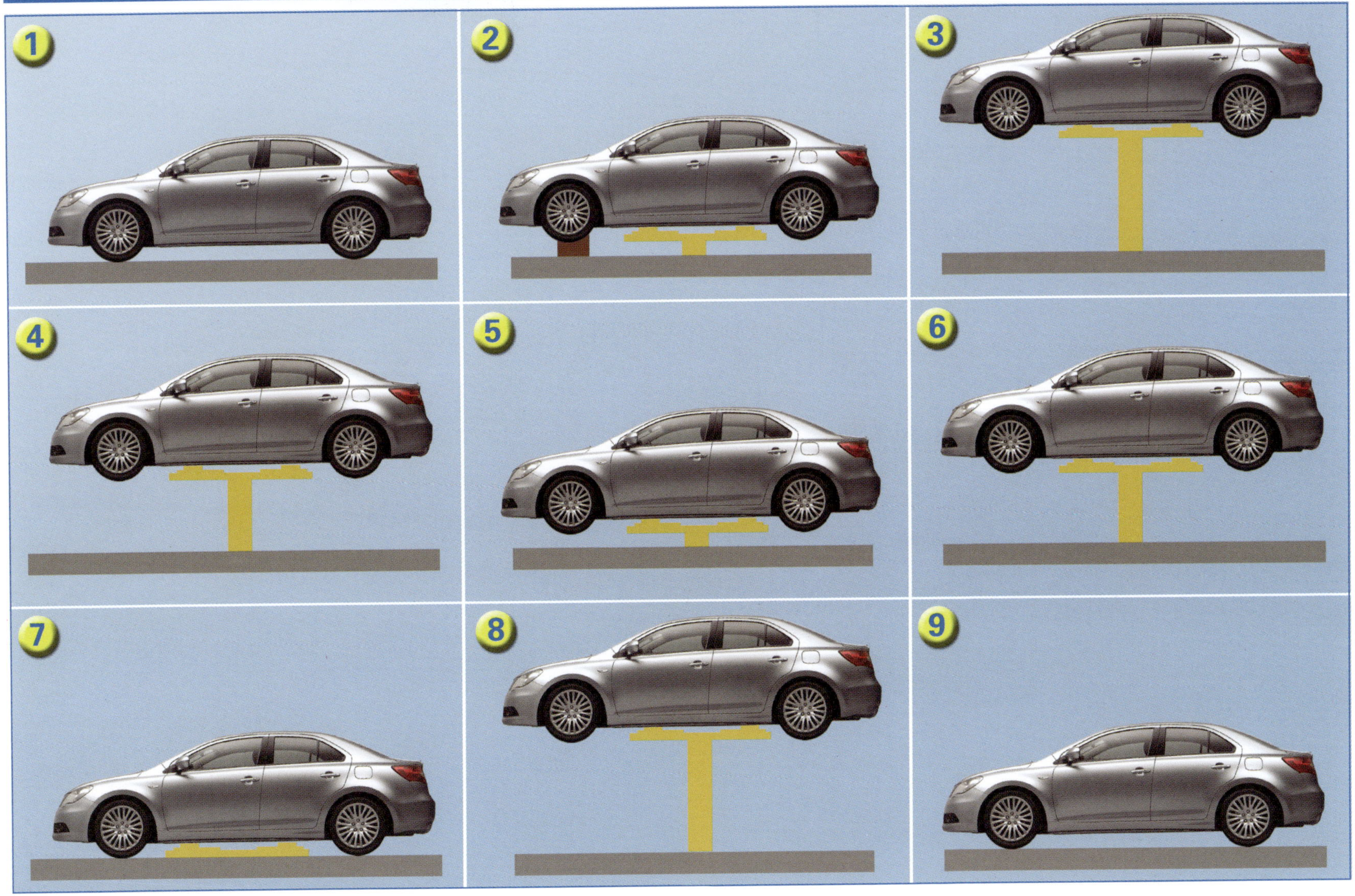

一、工作场景准备

工作场景准备：机油、工量具、资料、垃圾桶、回收装置和其他相关辅助设施等。

车辆在地面位置，进行预检，安装四件套（座椅套、转向盘套、换挡杆套、地板垫套）。

二、举升位置一

释放发动机罩的锁定释放杆，打开发动机罩。

进行车辆保护：安装左、右翼子板布和前格栅布。

二、举升位置一

在车辆车轮处放置车轮挡块并安装车辆底盘垫块。

安装排气管接管，安装时不要碰伤车身。

检查发动机的机油量。

检查风窗玻璃清洗液的液位。

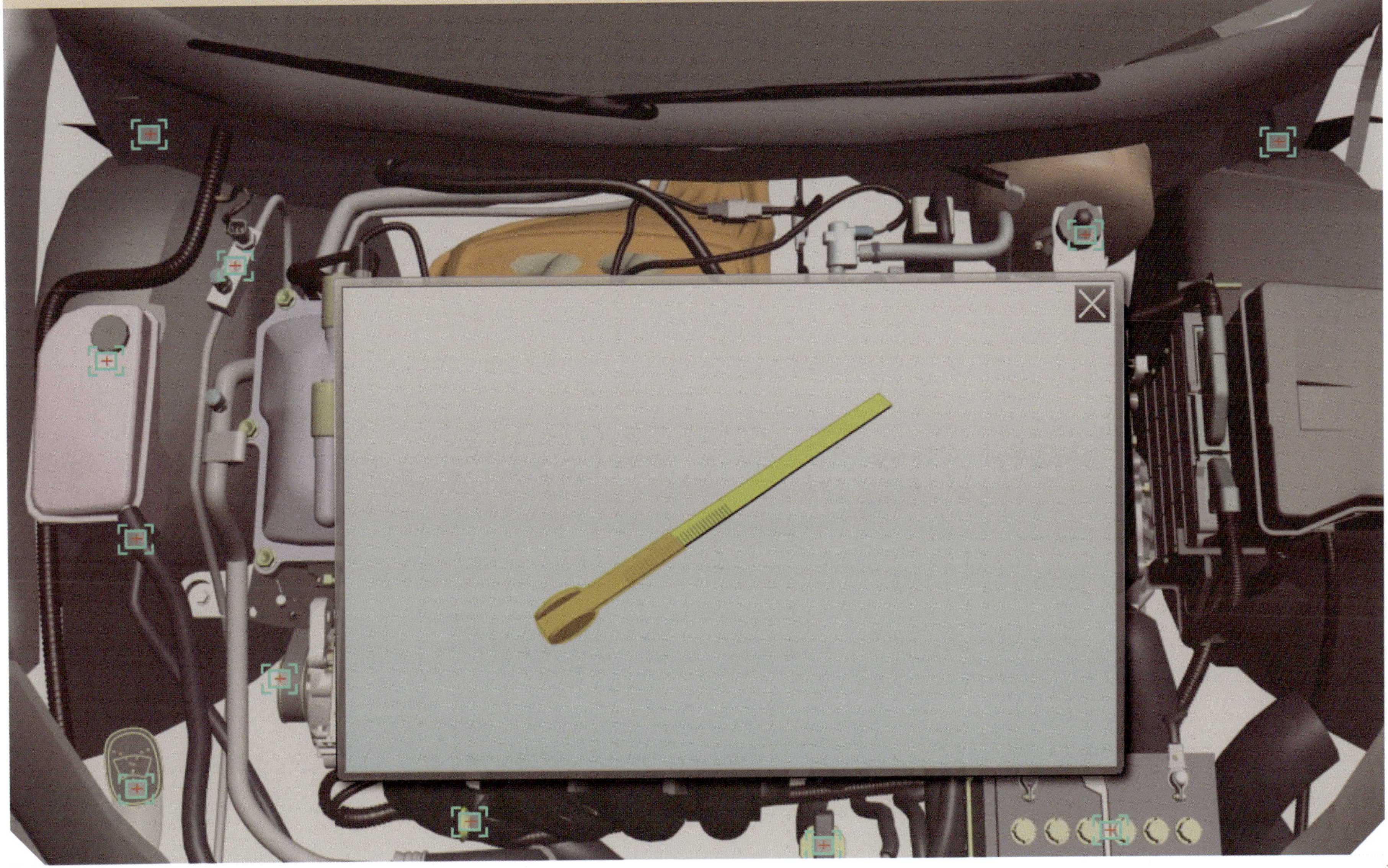

检查发动机冷却液的液位。

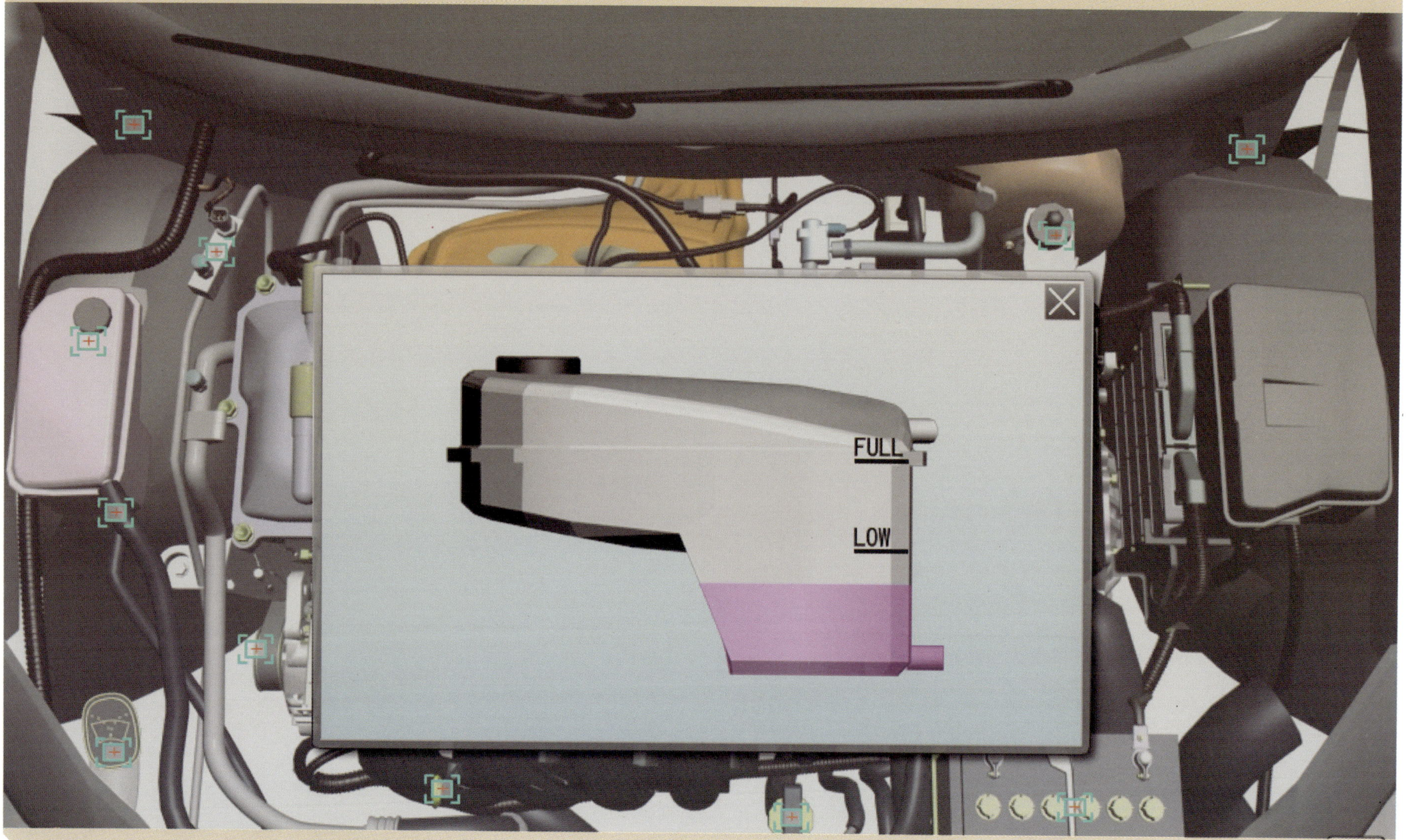

检查汽车制动液的液位。

二、举升位置一

取下翼子板布和前格栅布并将其叠好，关闭发动机罩，为检查车灯做好准备。

检查前部灯光和仪表盘指示灯：示宽灯。

二、举升位置一

检查前部灯光和仪表盘指示灯：前照灯近光。

检查前部灯光和仪表盘指示灯：前照灯远光。

二、举升位置一

检查前部灯光和仪表盘指示灯：闪光。

检查前部灯光和仪表盘指示灯：前雾灯。

二、举升位置一

检查前部灯光和仪表盘指示灯：前左、右转向灯（含侧灯和开关复位）。

检查前部灯光和仪表盘指示灯：前危险报警闪光灯。

二、举升位置一

检查后部灯光和仪表盘指示灯：示宽灯（含牌照灯）。

检查后部灯光和仪表盘指示灯：制动灯（含高位制动灯）。

二、举升位置一

检查后部灯光和仪表盘指示灯：倒车灯，变速器操纵杆置于R位置。

检查后部灯光和仪表盘指示灯：后雾灯。
景格科技
TOYOTA
LOCK
ACC
ON
START

检查后部灯光和仪表盘指示灯：后左、右转向灯。

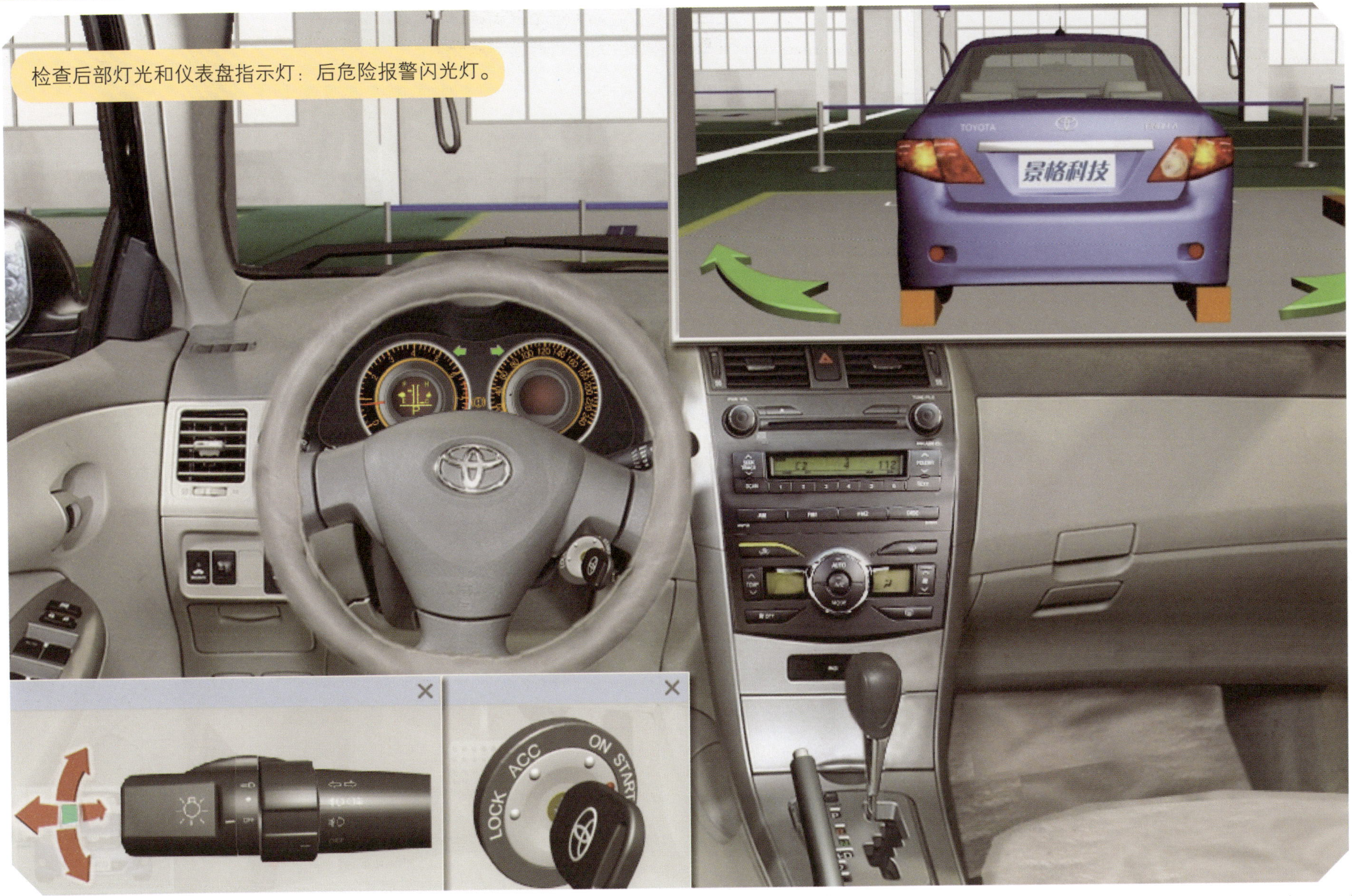
检查后部灯光和仪表盘指示灯：后危险报警闪光灯。
景格科技
LOCK
ACC
ON
START

二、举升位置一

启动发动机，检查风窗玻璃喷洗器的喷洒压力，洗涤喷洒是否集中在刮水器的工作范围，喷射时刮水器联动情况如何。

二、举升位置一

将刮水器开关旋至各个挡位，检查刮水器工作情况、刮水器工作性能和间歇功能；关闭刮水器开关，检查刮水、停水位置和刮拭状况。
LOCK
ACC
ON
START
PULL
MIST
OFF
INT
LO
HI

检查喇叭工作情况，包括喇叭发声音调和音量。
喇叭开关

二、举升位置一

转向盘检查：1.轴向、垂直和向两侧摇动转向盘，检查有无松弛或摆动；2.怠速时，车辆笔直向前，轻转转向盘，车辆即将转动时，用直尺测量转向盘自由行程（应在1.0~6.0mm之间）；3.点火开关转到ACC位置，检查转向盘能否自由转动。
转向盘

驻车制动器检查：拉动驻车制动杆至第一个槽口，检查驻车制动器指示灯，继续拉动驻车制动杆，检查驻车制动杆行程。

二、举升位置一

检查制动器踏板情况：响应性、完全踩下、异常噪声和过度松动等。

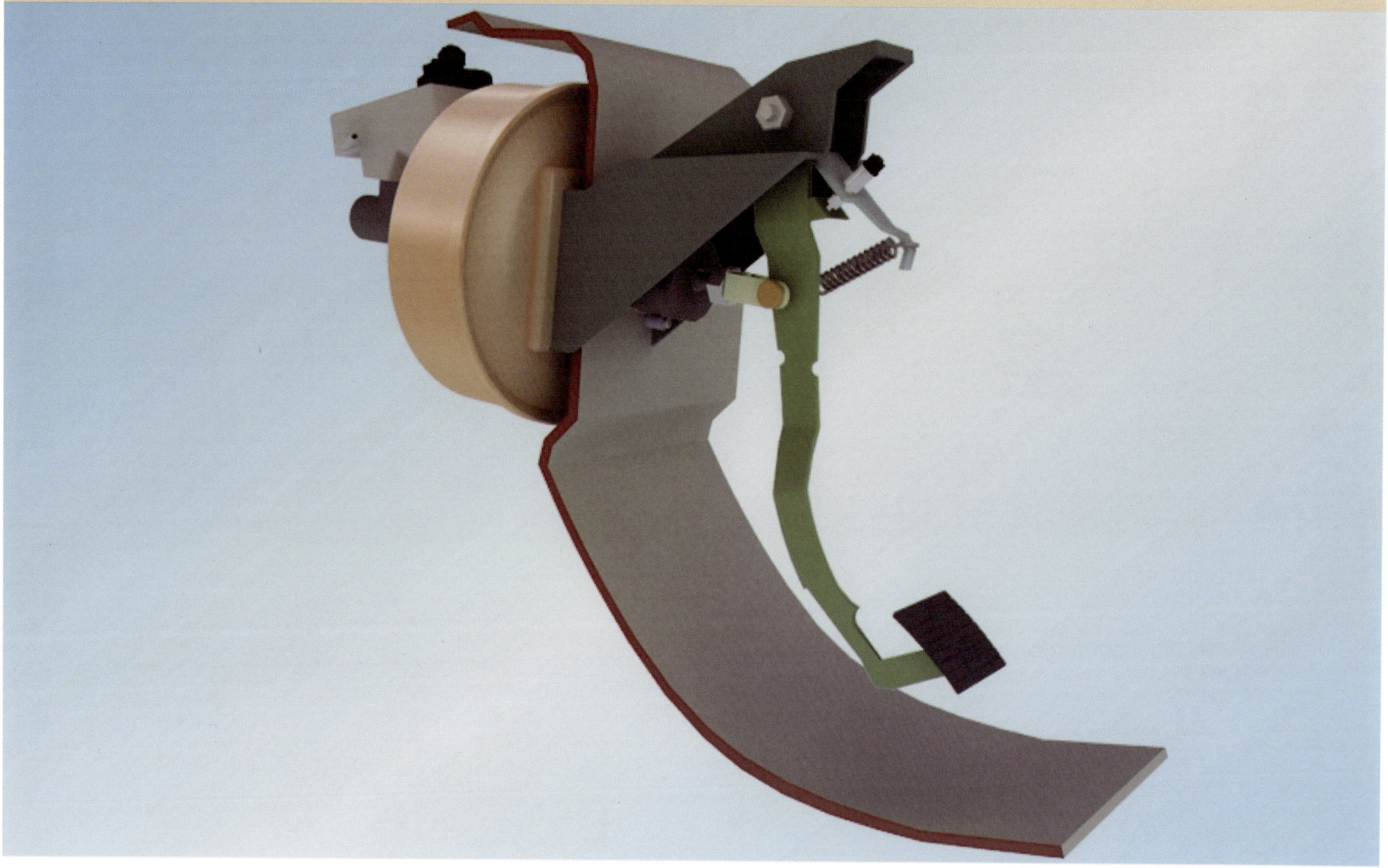

用直尺测量制动踏板高度，扣除地毯厚度；在怠速和驻车松开情况下，踩下制动踏板，测量制动踏板行程余量，扣除地毯厚度。

制动踏板高度应在145.8~155.8 mm之间，超出规定高度需进行调整。

发动机熄火后，踩几次制动踏板，测量制动踏板自由行程，其自由行程应小于30mm。

二、举升位置一

制动助力器的工作情况检查：踩住制动踏板后，启动发动机，检查真空功能及气密性。

车辆外部检查准备：打开行李舱盖、燃油箱盖和发动机罩，将顶灯开关旋至DOOR位置，换挡杆置于空挡，释放驻车制动杆，走出驾驶室。

二、举升位置一

检查驾驶人座椅螺母、螺栓是否松动，能否正常移动。

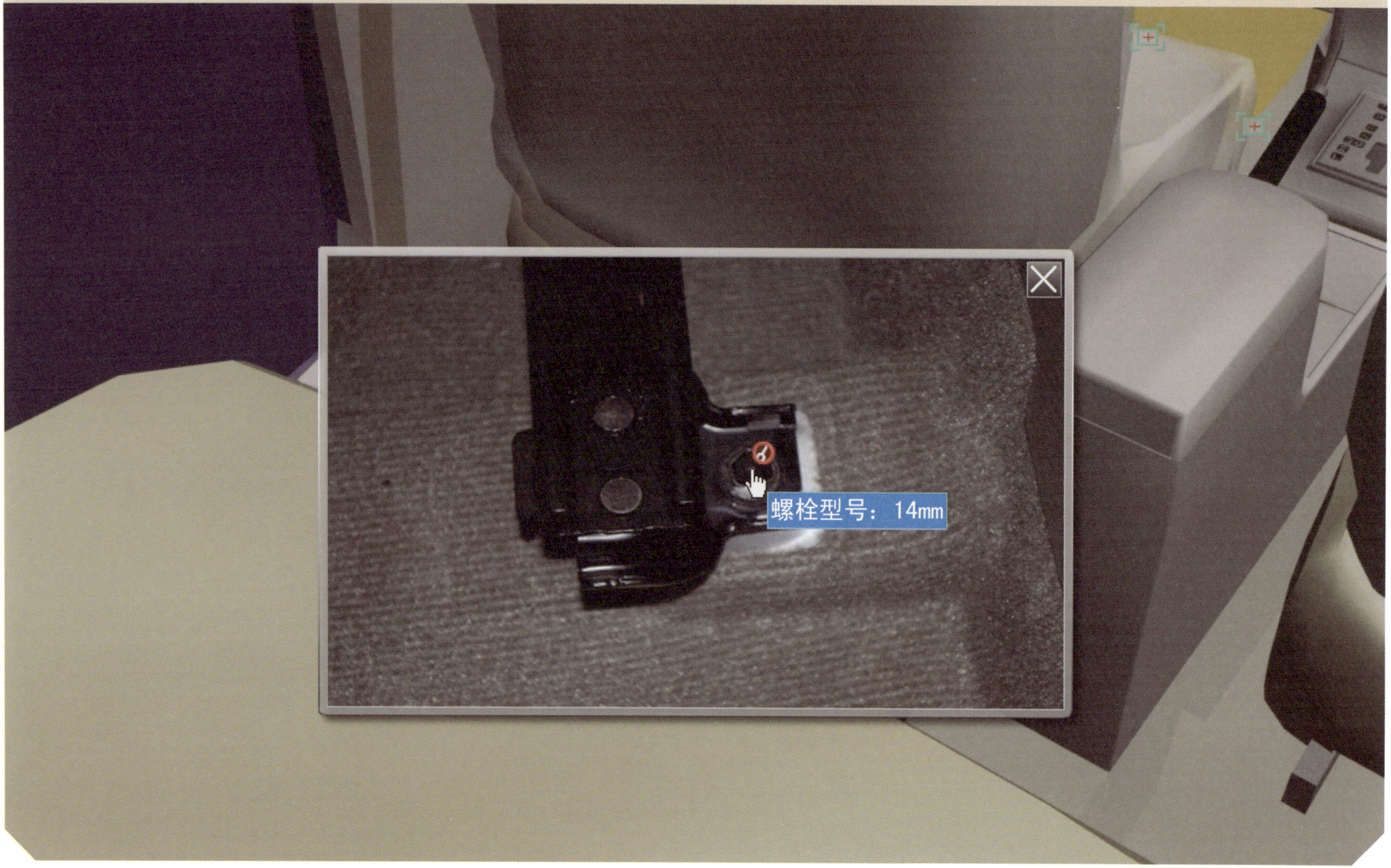

检查驾驶人座椅安全带螺母、螺栓是否松动及安全带状况。

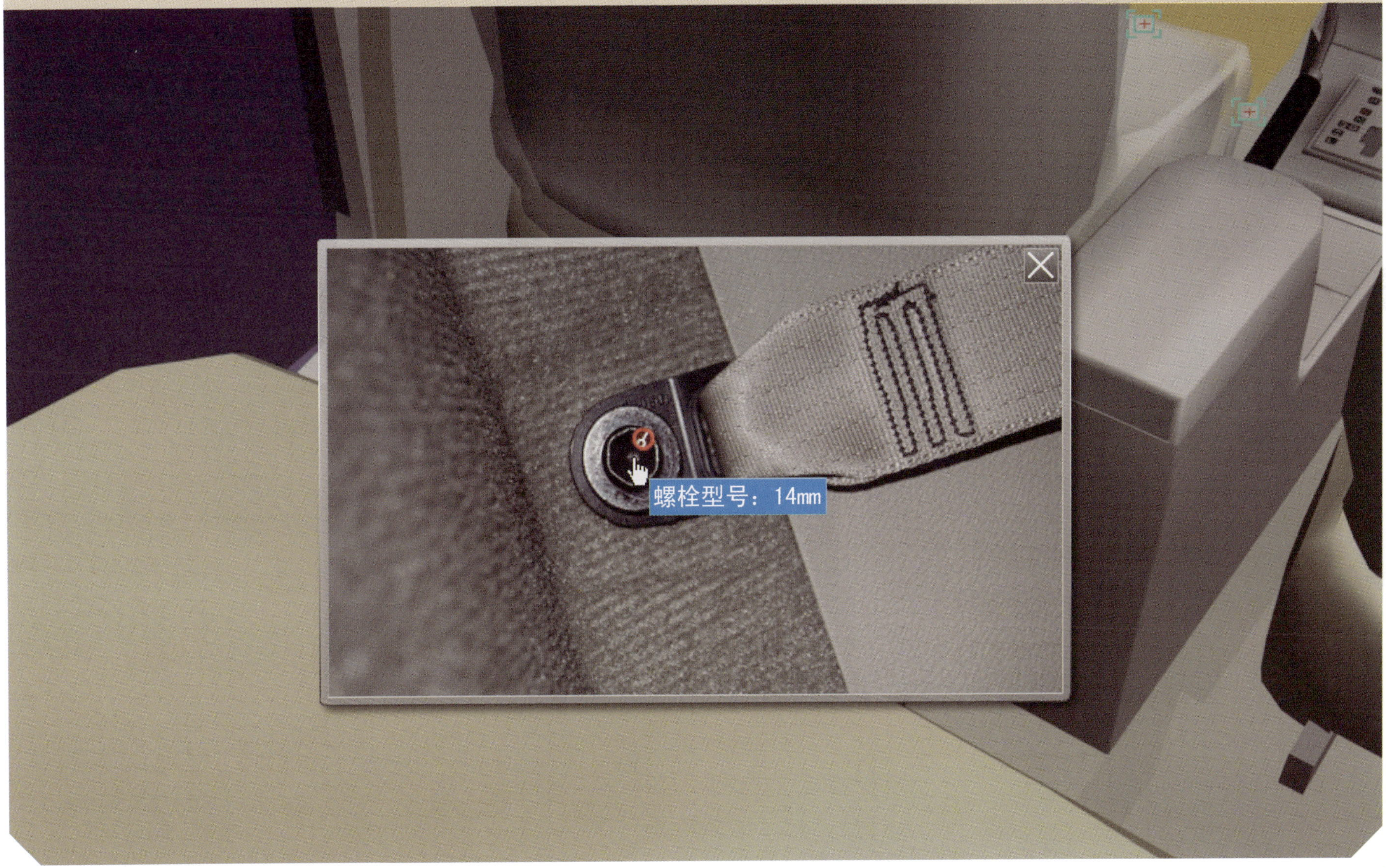

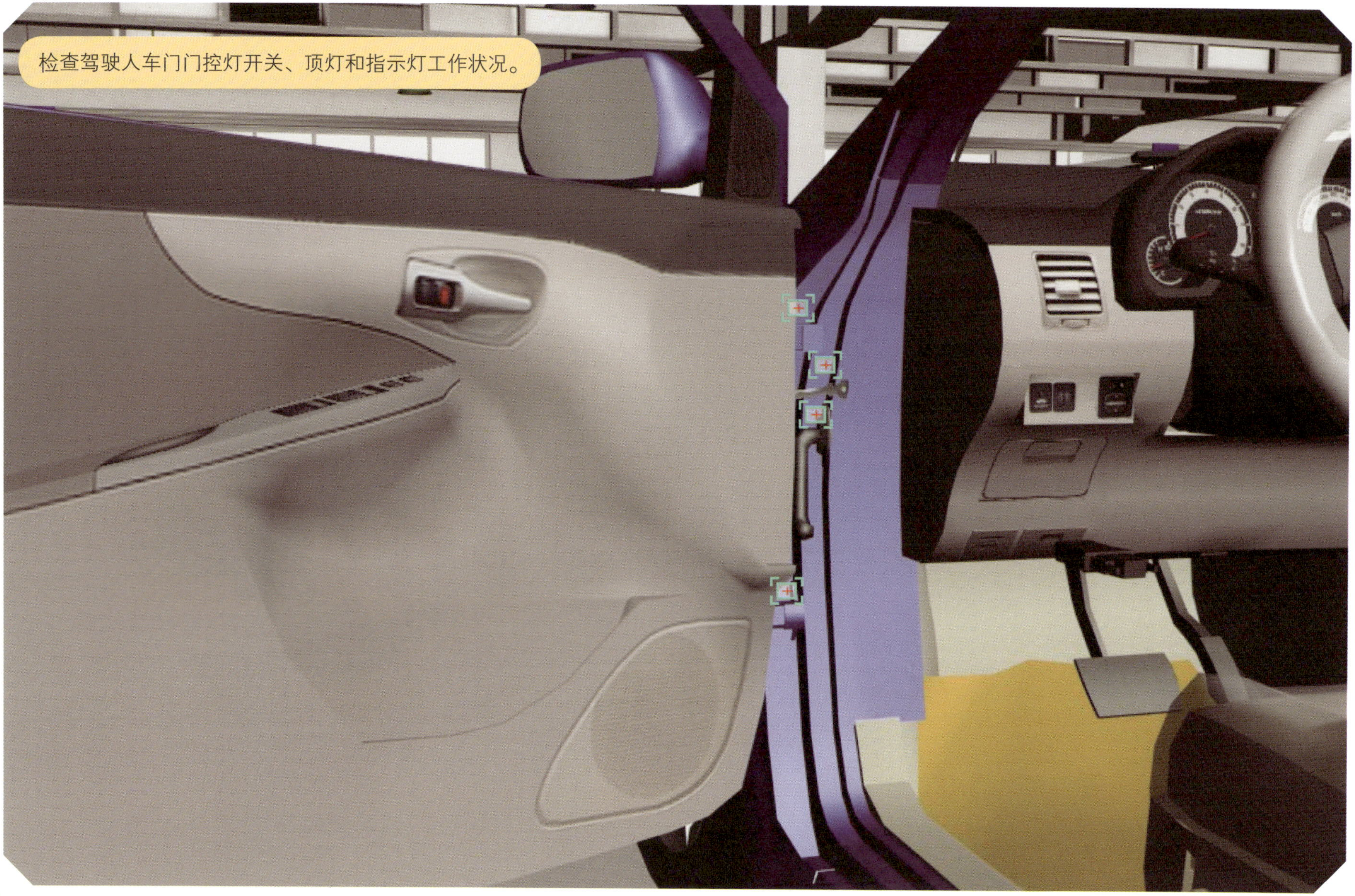
检查驾驶人车门门控灯开关、顶灯和指示灯工作状况。

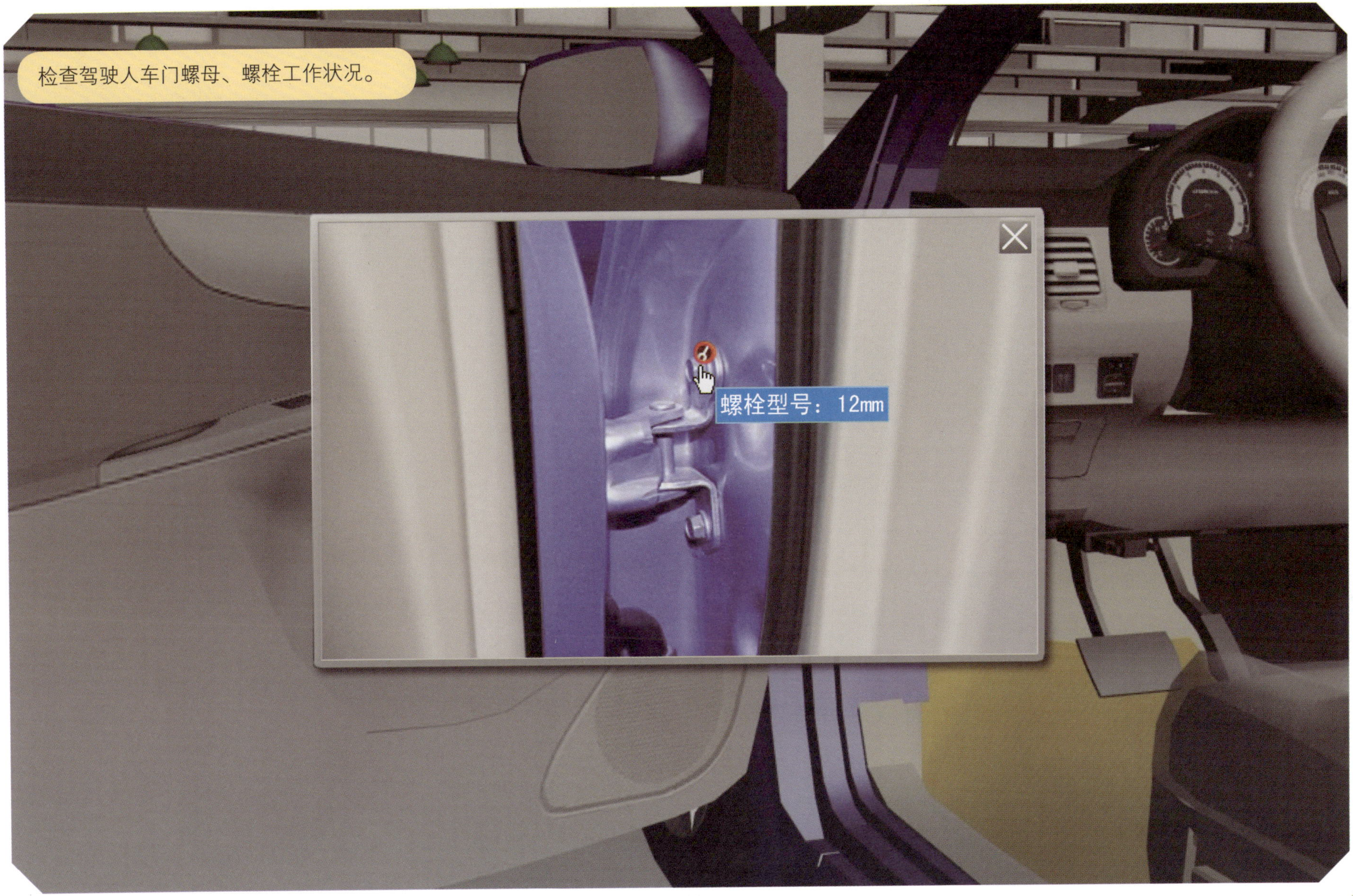
检查驾驶人车门螺母、螺栓工作状况。
螺栓型号：12mm

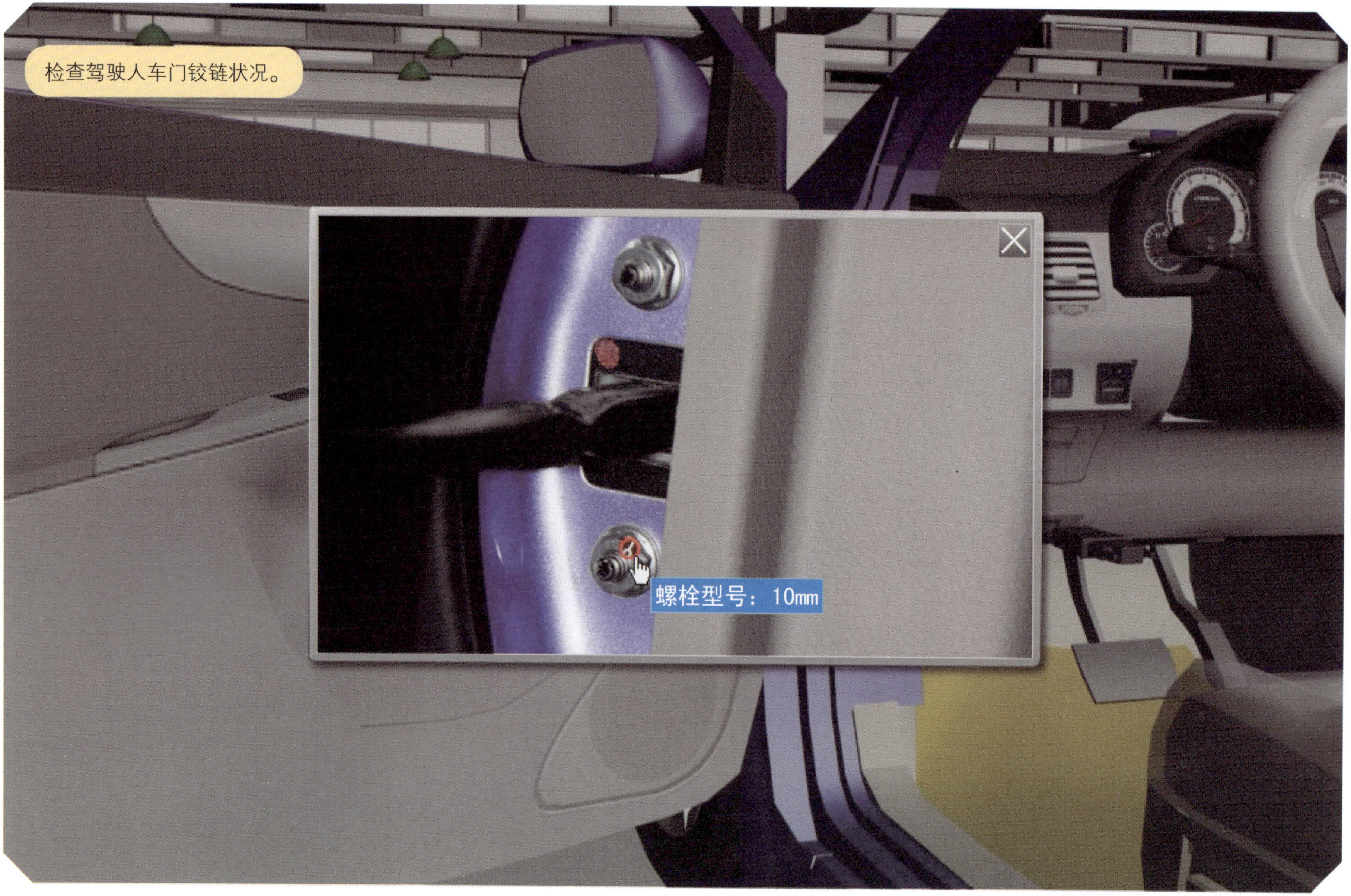
检查驾驶人车门铰链状况。
螺栓型号：10mm

打开驾驶人侧后车门，与驾驶人侧车门检查方法相同，检查座椅螺母、螺栓、安全带及车门等，检查儿童安全锁锁止功能、门控灯开关、顶灯和指示器灯的工作状况。

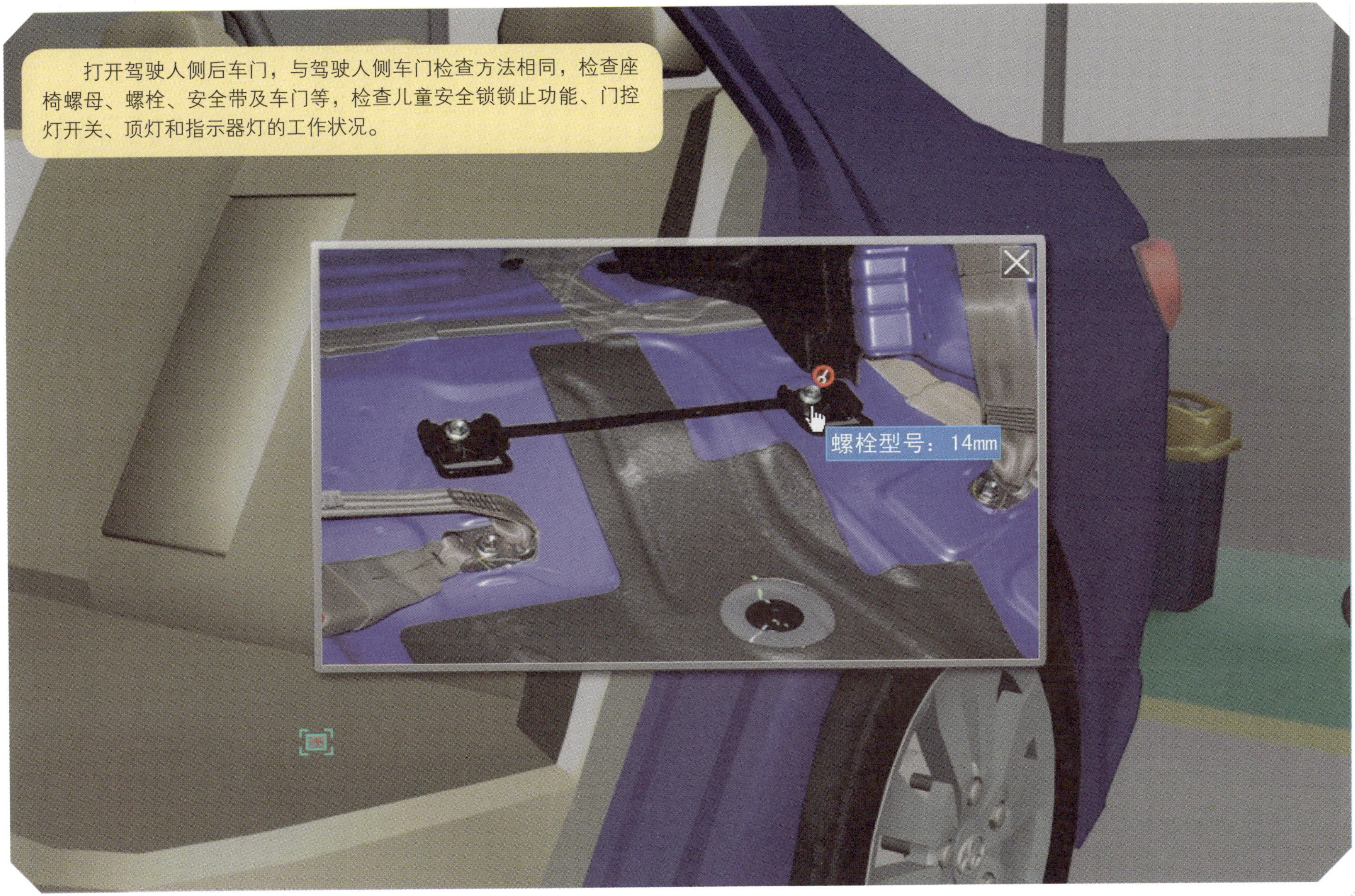

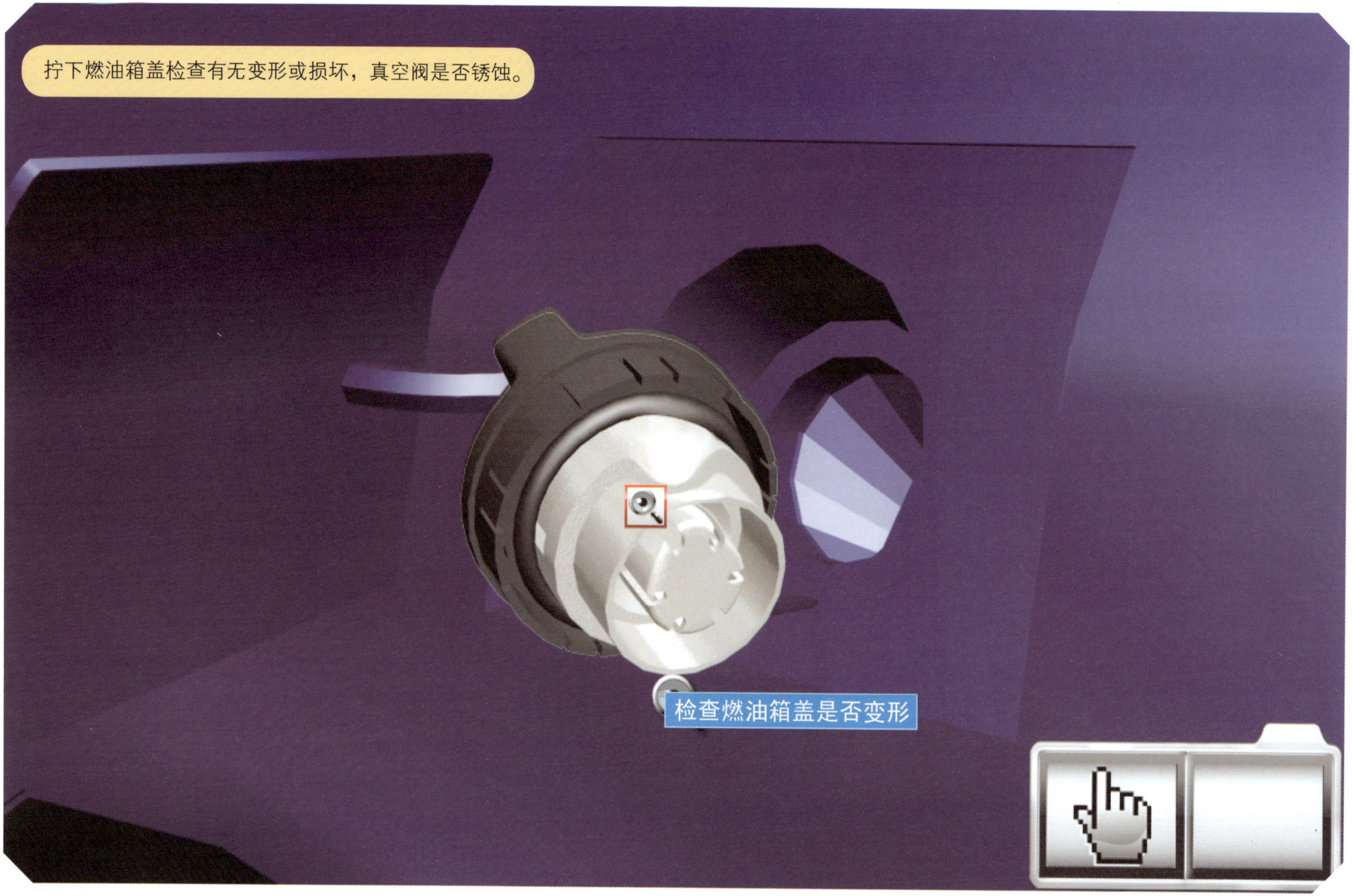
拧下燃油箱盖检查有无变形或损坏，真空阀是否锈蚀。
检查燃油箱盖是否变形

安装燃油箱盖，检查油箱门及附件连接状况，确保正确关闭。
检查燃油箱盖是否松动

二、举升位置一

上下按动车身，检查减振器的阻尼状态。

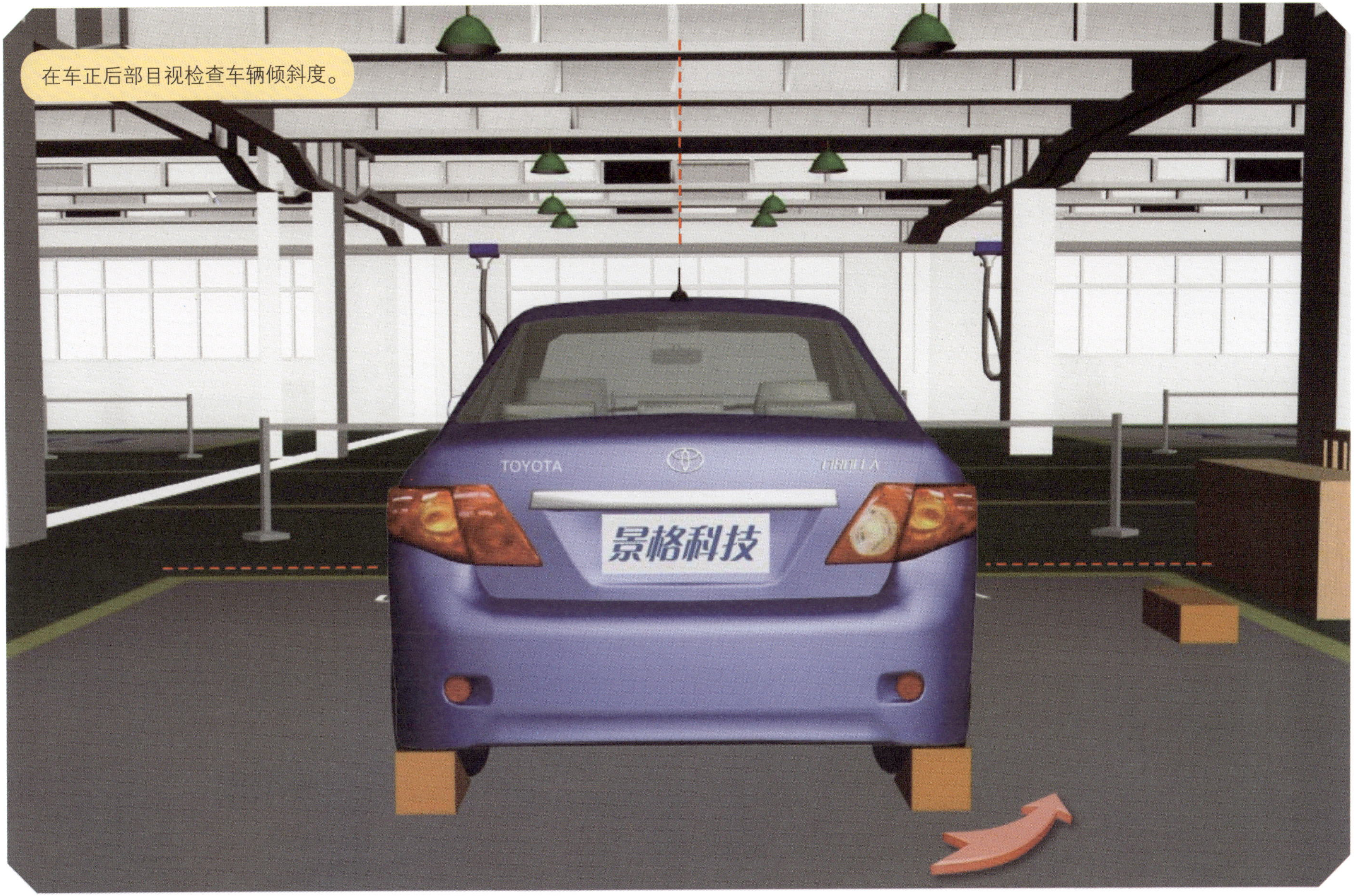
在车正后部目视检查车辆倾斜度。
TOYOTA
景格科技

拆下排气管接管，检查左、右尾灯总成安装状况，用手推灯罩，检查其有无松动。

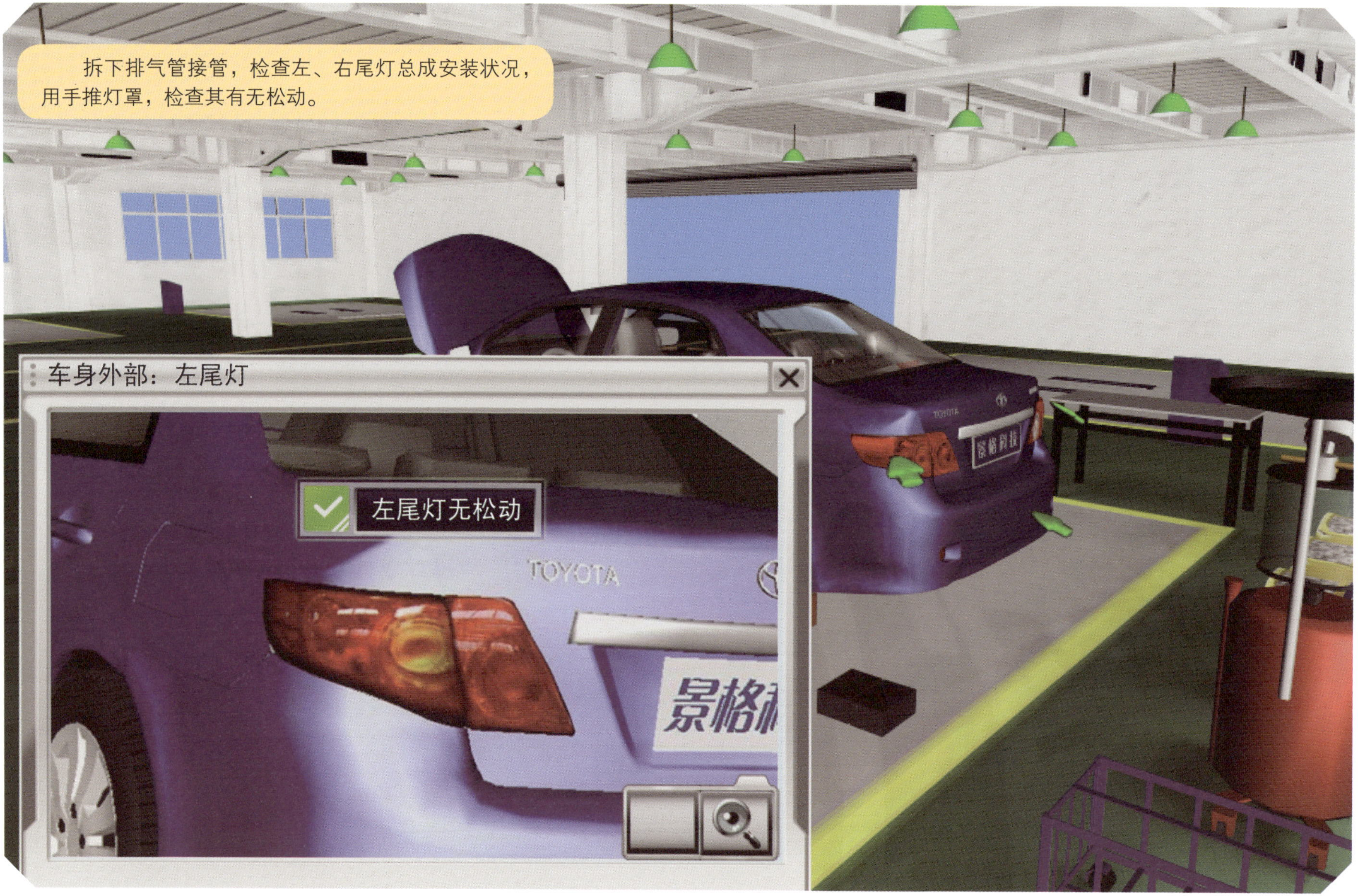

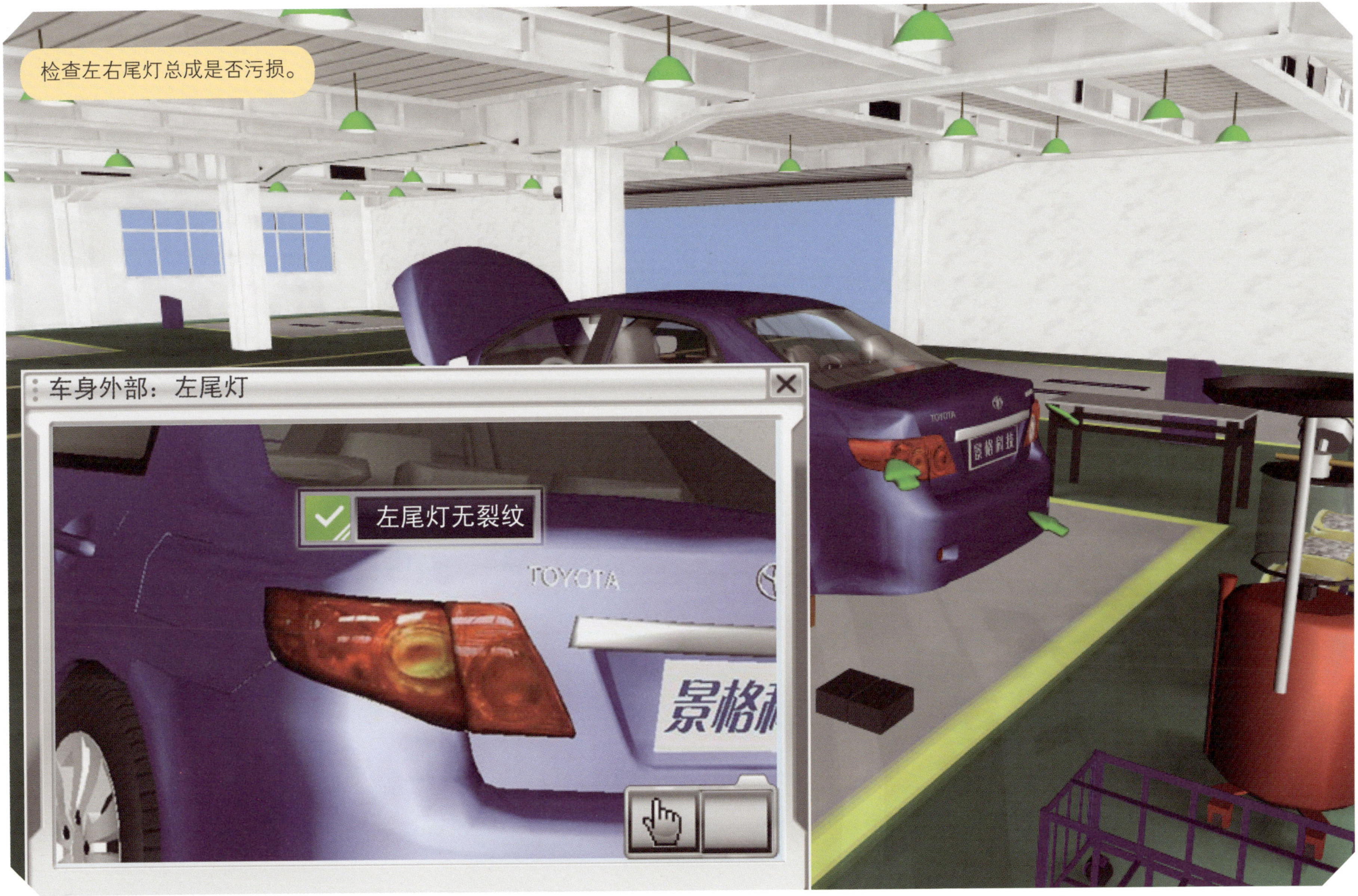
检查左右尾灯总成是否污损。
车身外部：左尾灯
左尾灯无裂纹
TOYOTA
景格科技

打开行李舱盖，取出备胎放在轮胎架上，检查轮胎胎面和胎壁有无裂纹和异物、割痕，有无金属或其他异物嵌入。
轮胎胎面有裂纹

检查胎面异常磨损及轮圈和轮盘损坏、腐蚀情况。
轮胎轮圈无变形

测量轮胎花纹深度。

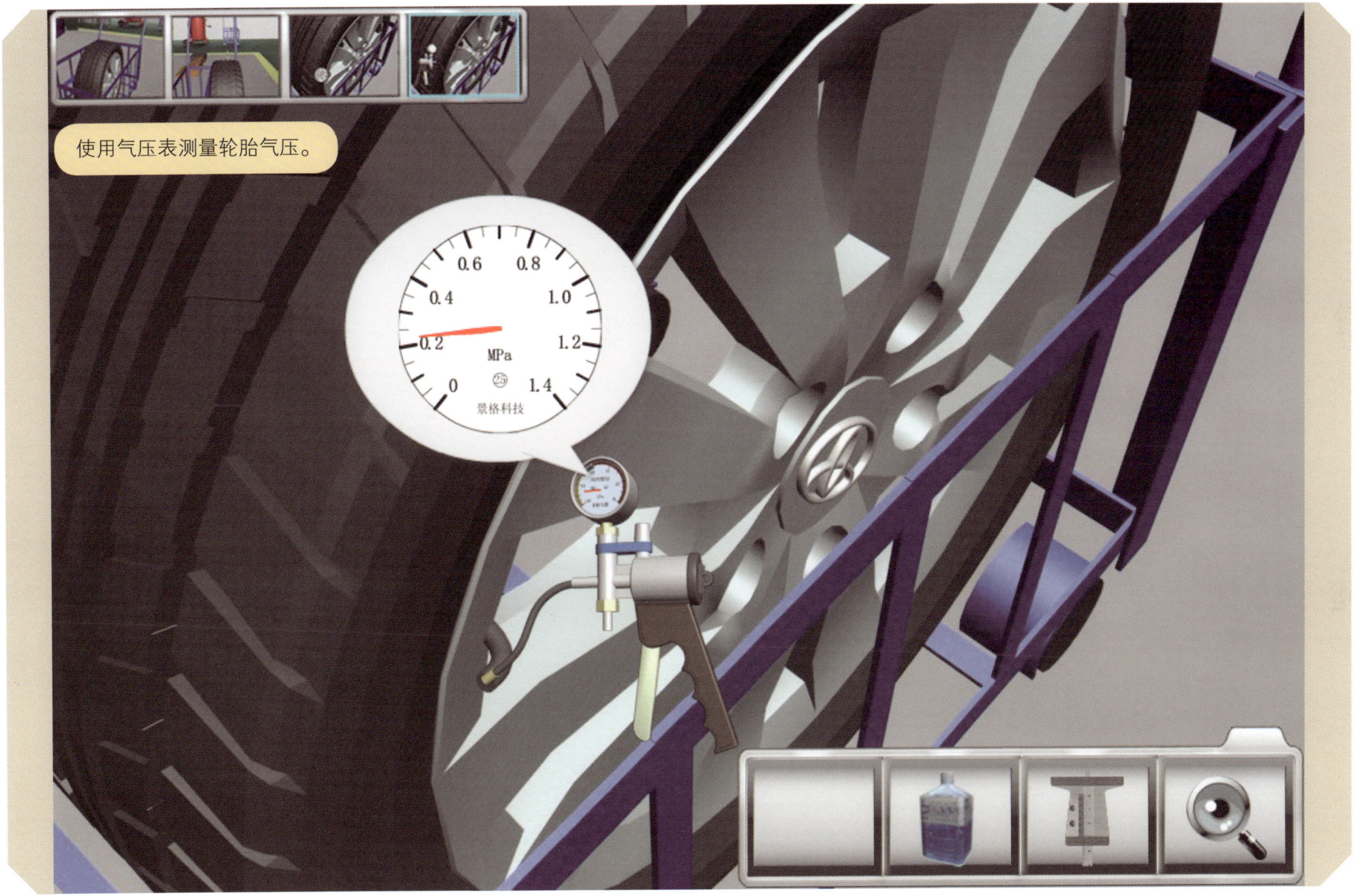
使用气压表测量轮胎气压。
0.6
0.8
0.4
1.0
0.2
1.2
MPa
0
1.4
景格科技

将肥皂水涂抹在轮胎气门嘴周围进行漏气检查，安装备胎。
使用肥皂水检查轮胎气密性

用手摇动行李舱盖，检查连接部位的螺母、螺栓是否松动，行李舱灯是否正常点亮，关闭行李舱盖。

二、举升位置一

打开乘客侧后车门，以同样方法检查座椅、安全带、车门螺母与螺栓、铰链、儿童安全锁及指示灯等。

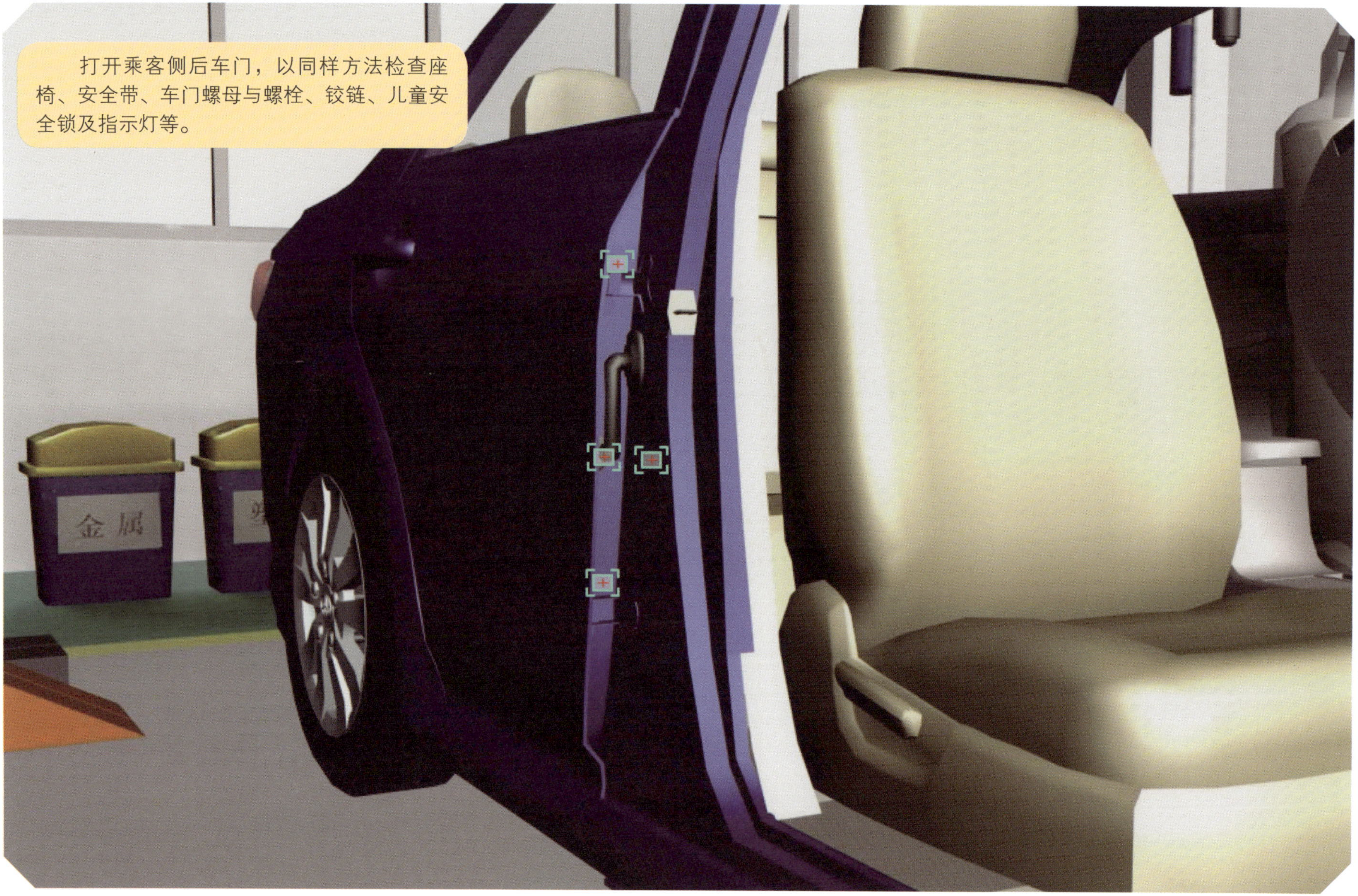

打开乘客侧车门，以同样方法检查座椅、安全带、车门螺母与螺栓、铰链、儿童安全锁及指示灯，检查空调滤芯，视情况清洁或更换。

二、举升位置一

从车辆正前方目视车辆倾斜与否。
景格科技

检查左右前照灯总成（与尾灯总成检查方法相同），检查其安装状况。
车身外部：右前照灯
右前照灯无松动
景格科技
景格科技

检查前照灯总成（与尾灯总成检查方法一样），检查其是否有污垢和损坏。

打开发动机罩，用手摇动发动机罩，确认其紧固状况，检查其螺栓是否松动。
发动机罩螺栓
螺栓型号：12mm
景格科技

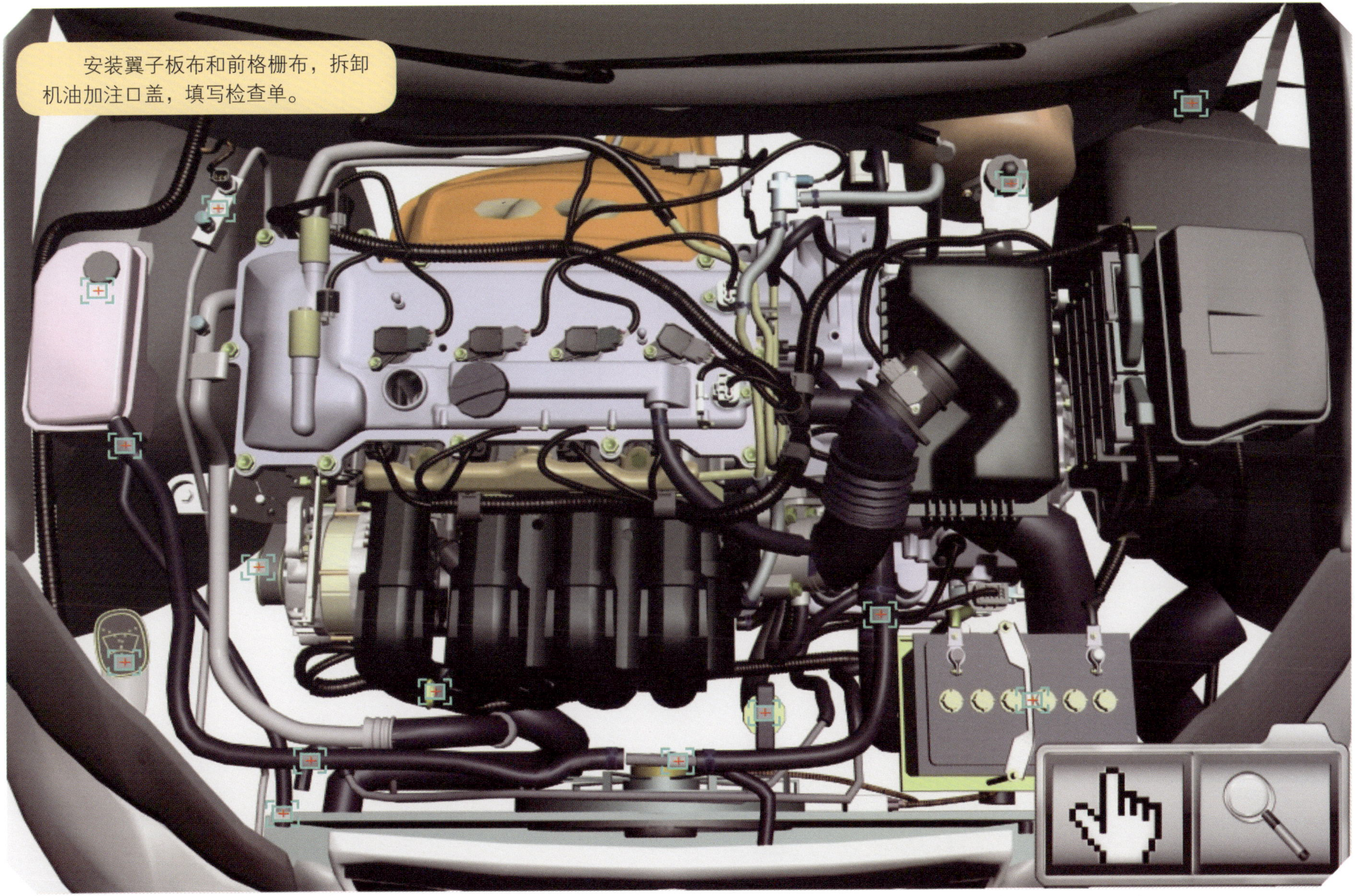
安装翼子板布和前格栅布，拆卸机油加注口盖，填写检查单。

三、举升位置二

拆下车轮挡块，将车辆初步举升到轮胎稍微离开地面位置，先用手摇动车辆，确认底盘垫块安全，再继续升至低位，使用制动踏板压力器使制动踏板保持被踩下的状态。

在每个前轮下面各放置一个高度20cm的木垫块，放低举升机直到前螺旋弹簧被压缩至一半位置，确认前轮笔直向前。在下臂末端用工具检查球节，检查球节防尘罩有无裂纹或损坏。

四、举升位置三

检查发动机各区域接触面是否漏油。
配合表面有漏油

检查发动机油封是否漏油。
油封无漏油

检查发动机排放塞是否漏油。
排放塞无漏油

四、举升位置三

使用专用拆装工具施加37N·m的扭矩拆卸机油排放塞，排放发动机机油。

四、举升位置三

在排放机油过程中，同时可检查传动皮带，检查其是否变形。

检查传动皮带是否损坏（磨损、裂纹、脱层或其他损坏）。

检查传动皮带安装状况（传动皮带张力）。

转动轮胎，检查前驱动轴护套有无裂纹或损伤，护套卡箍安装正确与否，内外侧润滑脂有无渗漏。

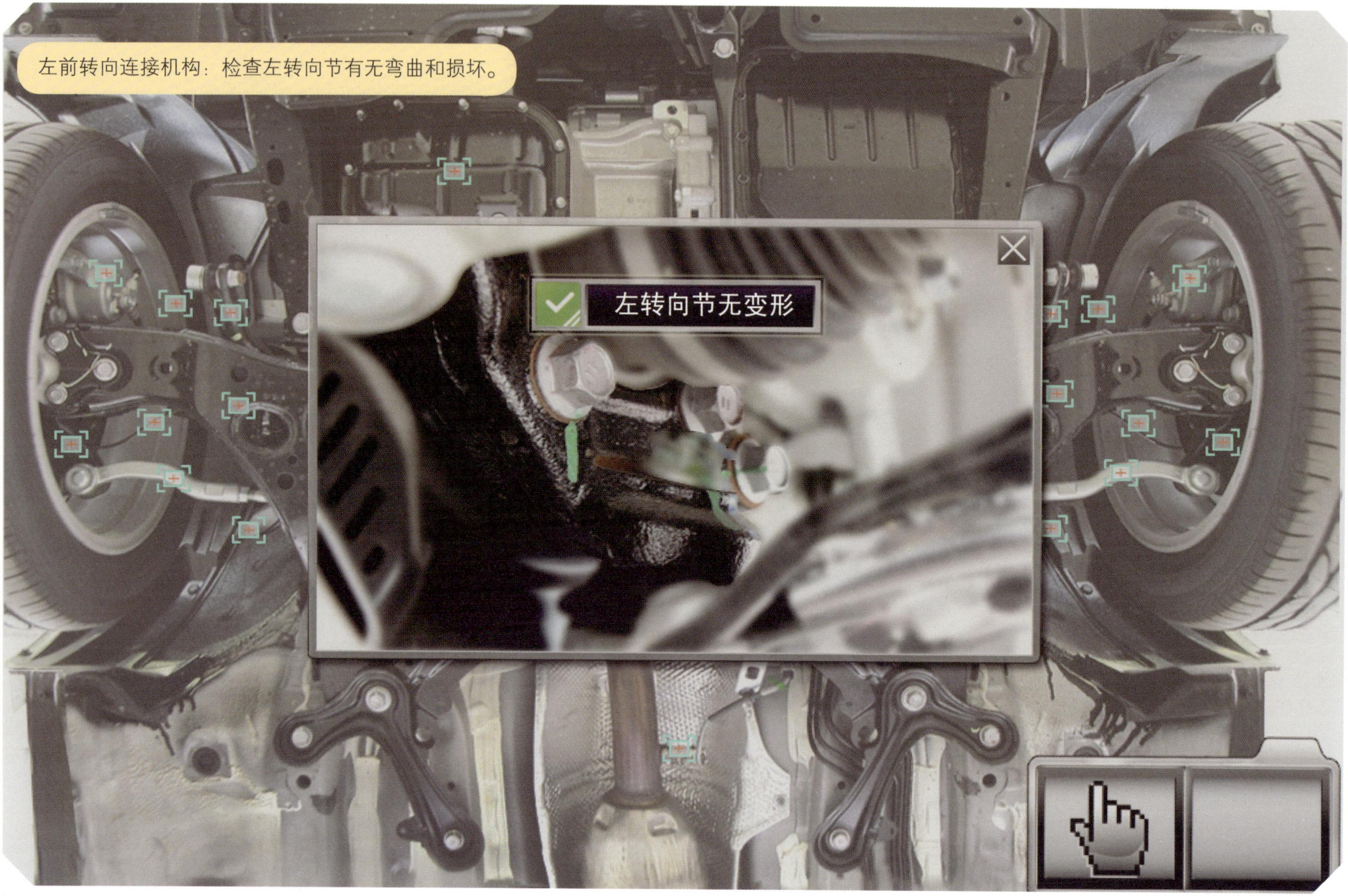
左前转向连接机构：检查左转向节有无弯曲和损坏。
左转向节无变形

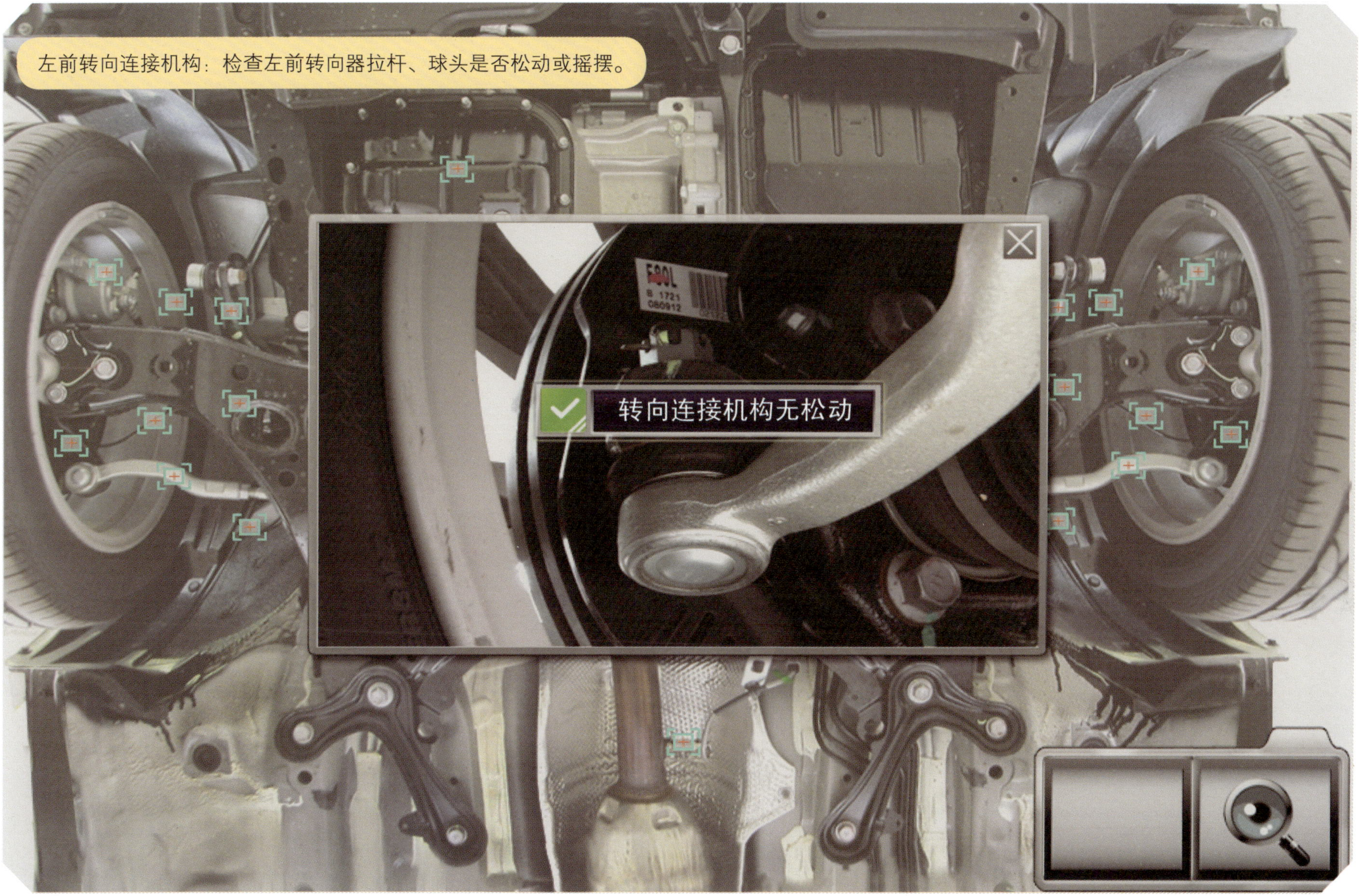
左前转向连接机构：检查左前转向器拉杆、球头是否松动或摇摆。
转向连接机构无松动

四、举升位置三

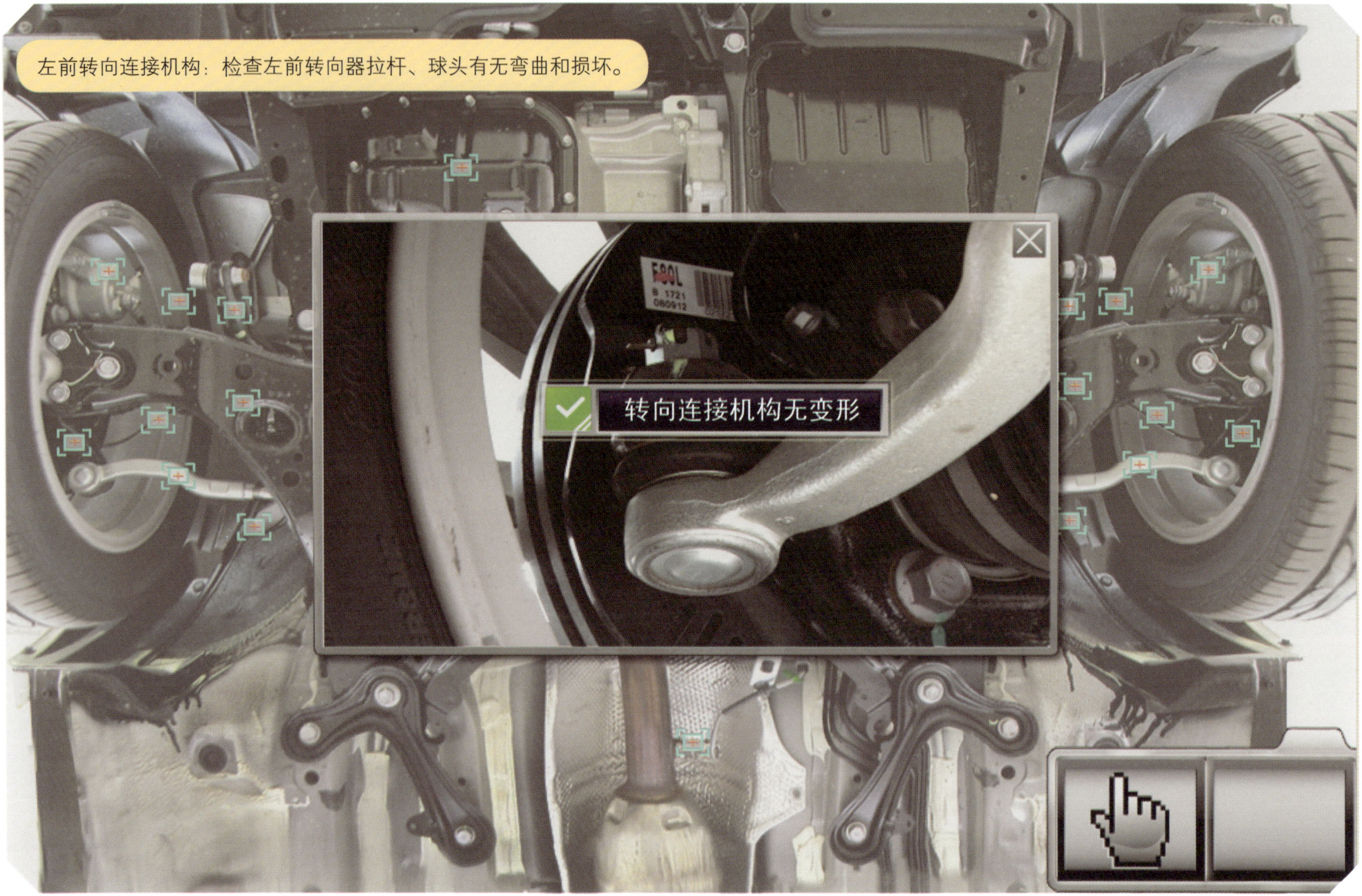

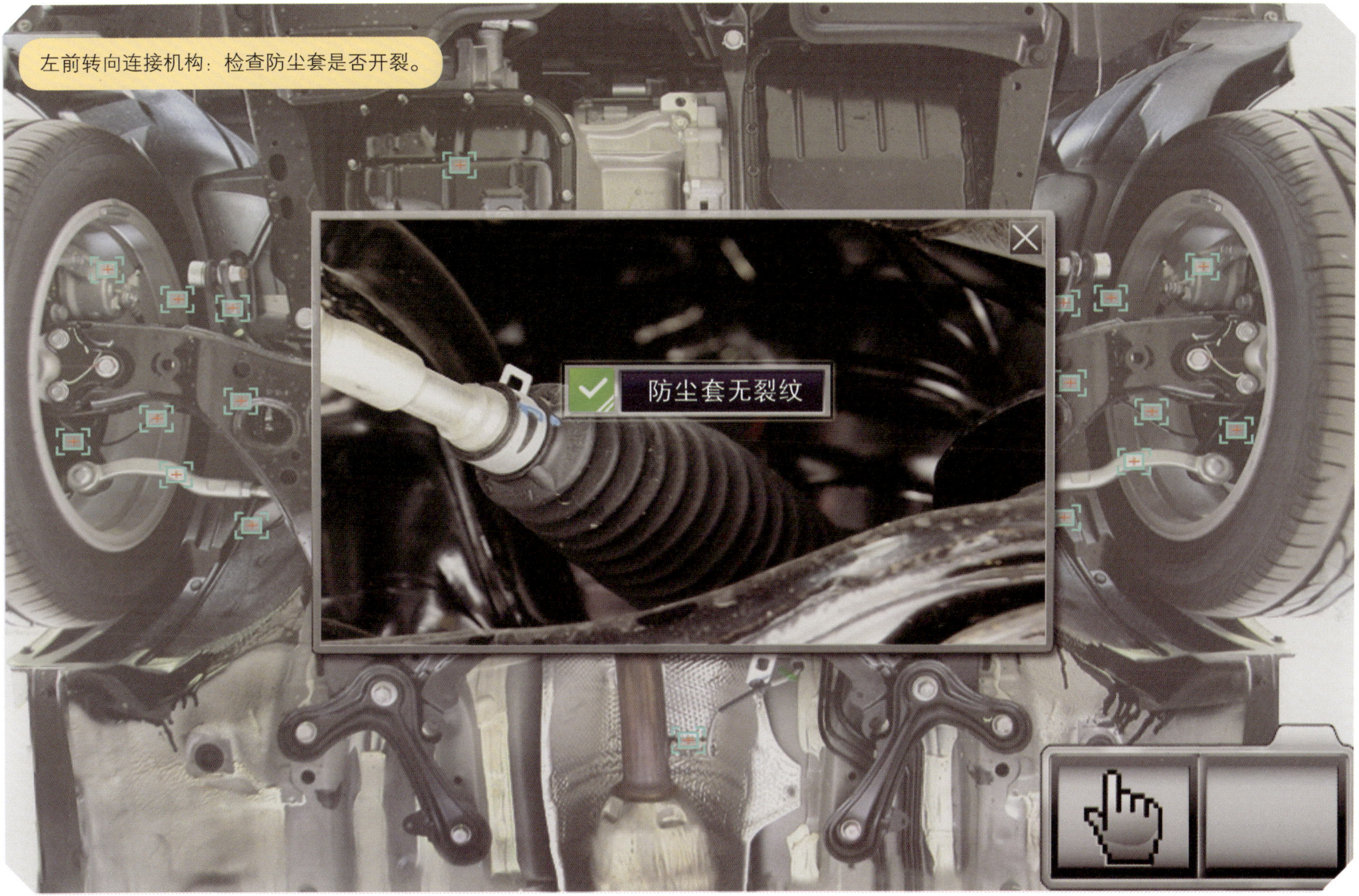
左前转向连接机构：检查防尘套是否开裂。
防尘套无裂纹

四、举升位置三

检查左前减振器是否变形、损伤、油液是否渗漏，检查减振器弹簧是否安装正确，有无损坏。

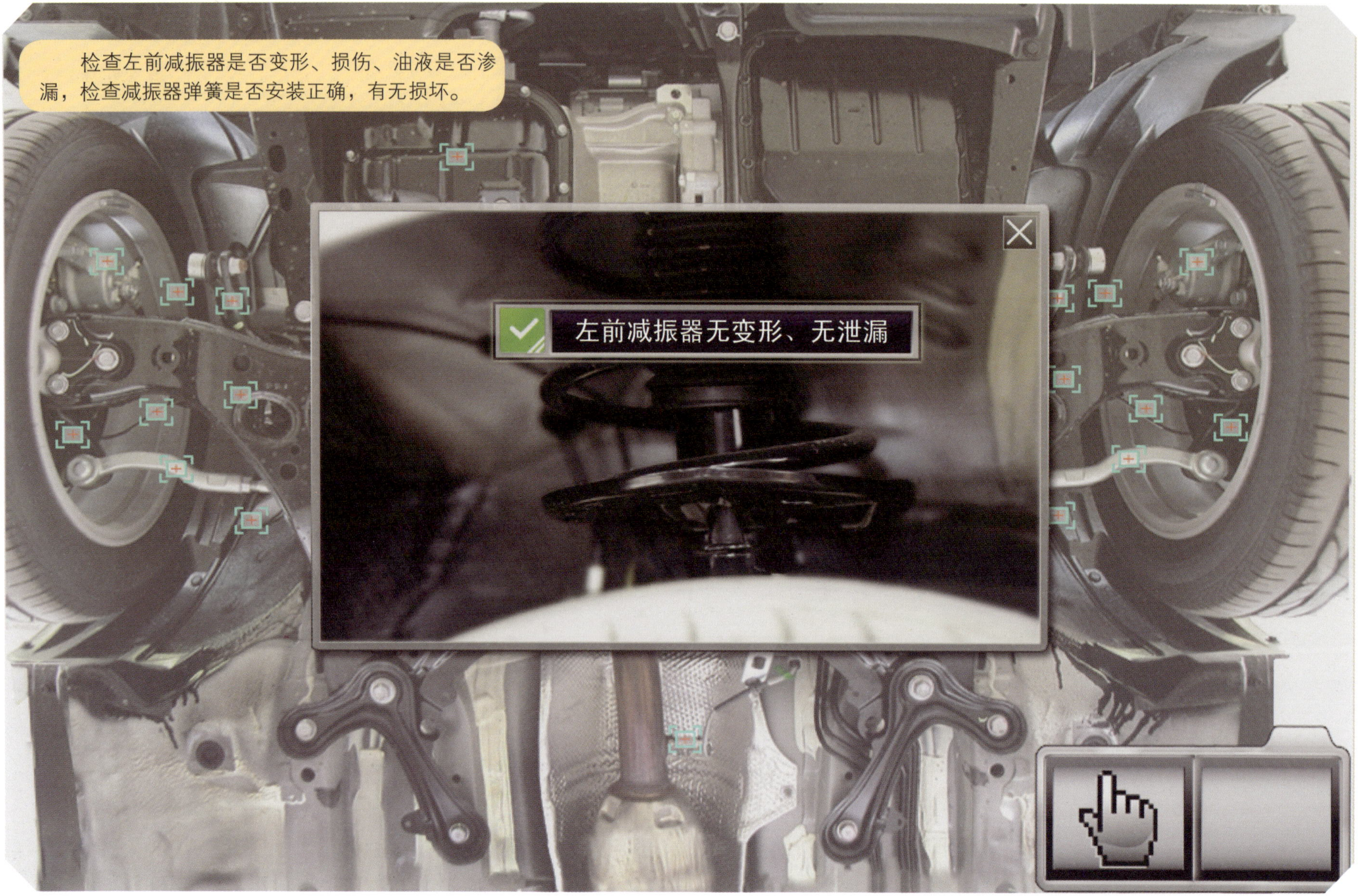

检查左前制动软管连接部位是否有液体渗漏，制动软管是否扭曲、凸起、有裂纹或压痕以及其他损坏，检查制动器管道和软管安装是否松旷。

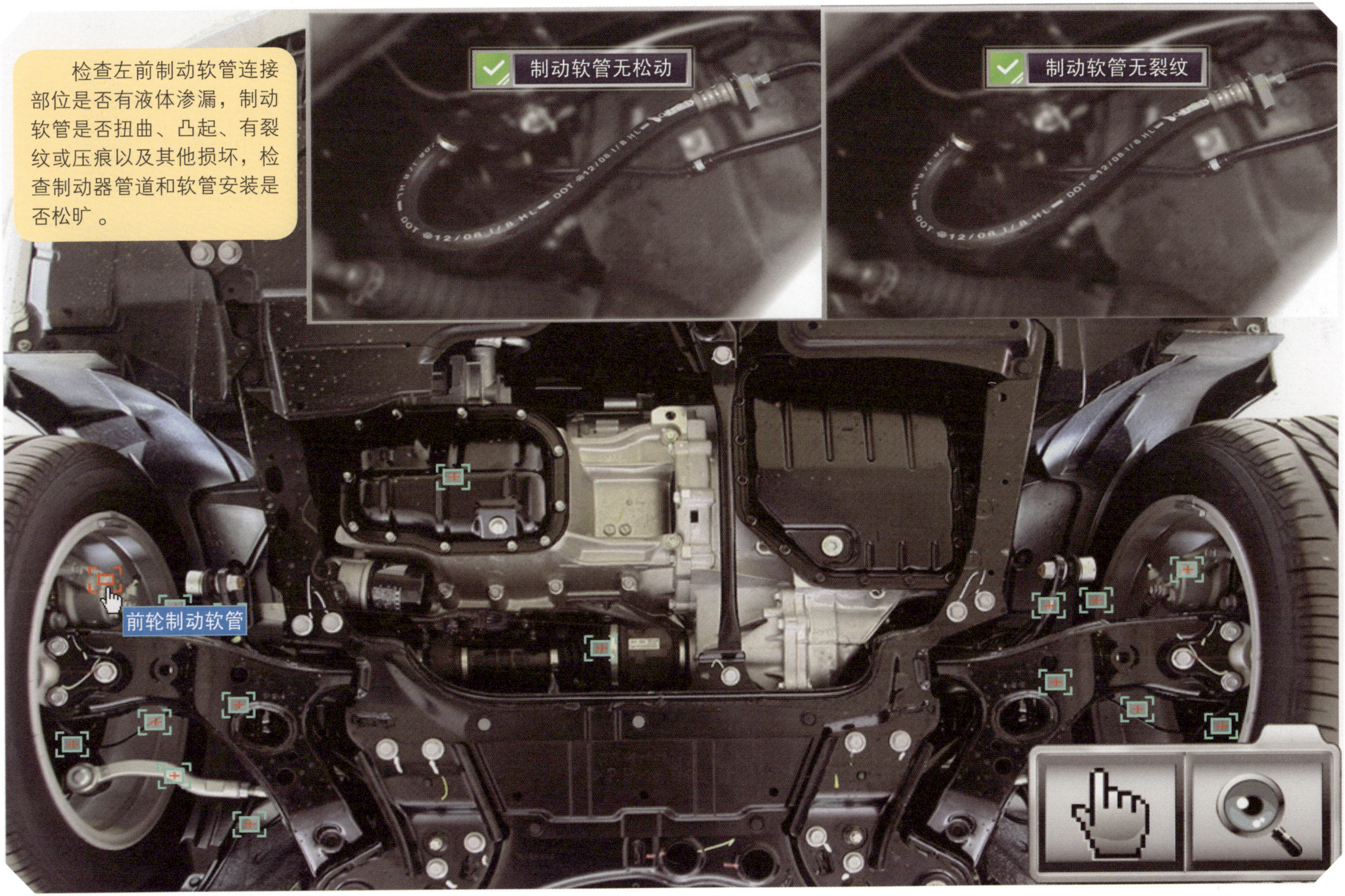

四、举升位置三

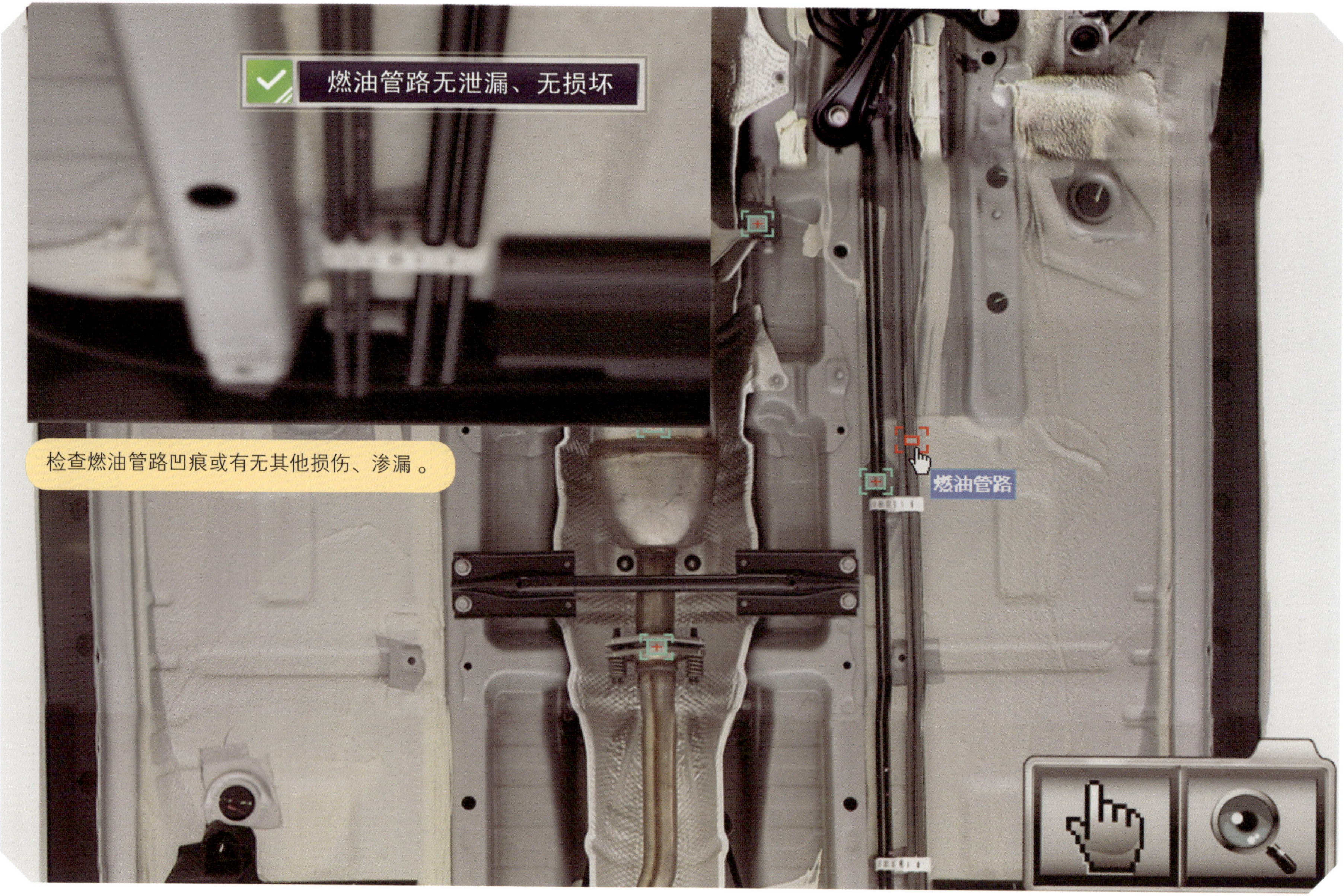

底盘位置零部件检查：检查前后减振器是否损伤或泄漏，减振器弹簧是否损坏，转向节、下臂、稳定杆、拖臂和后桥等是否损伤。

四、举升位置三

检查排气管是否损伤或泄漏；消声器是否损伤，密封垫片是否损伤，排气管吊挂是否损伤或脱落。

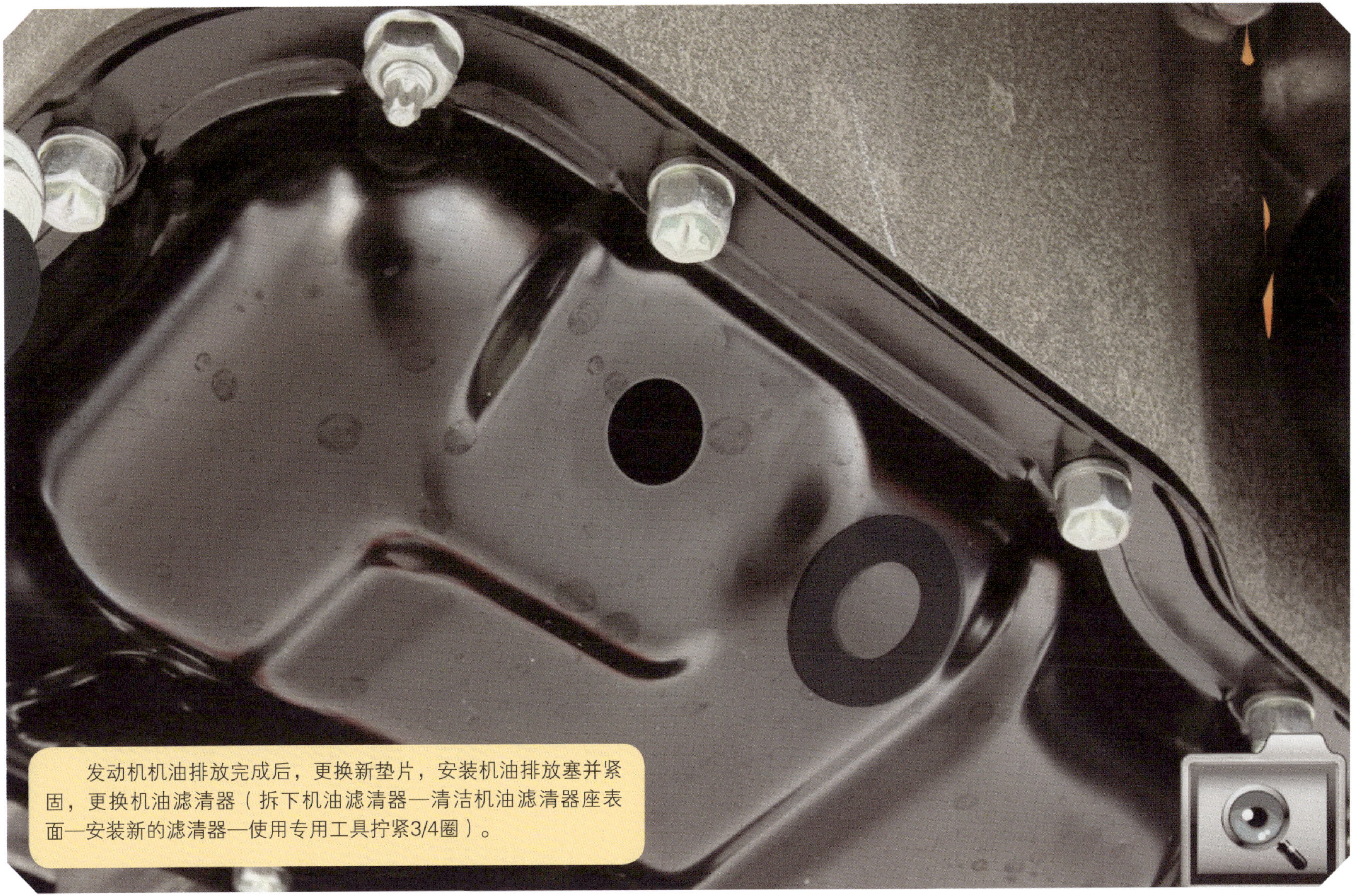

发动机机油排放完成后，更换新垫片，安装机油排放塞并紧固，更换机油滤清器（拆下机油滤清器—清洁机油滤清器座表面—安装新的滤清器—使用专用工具拧紧3/4圈）。

四、举升位置三

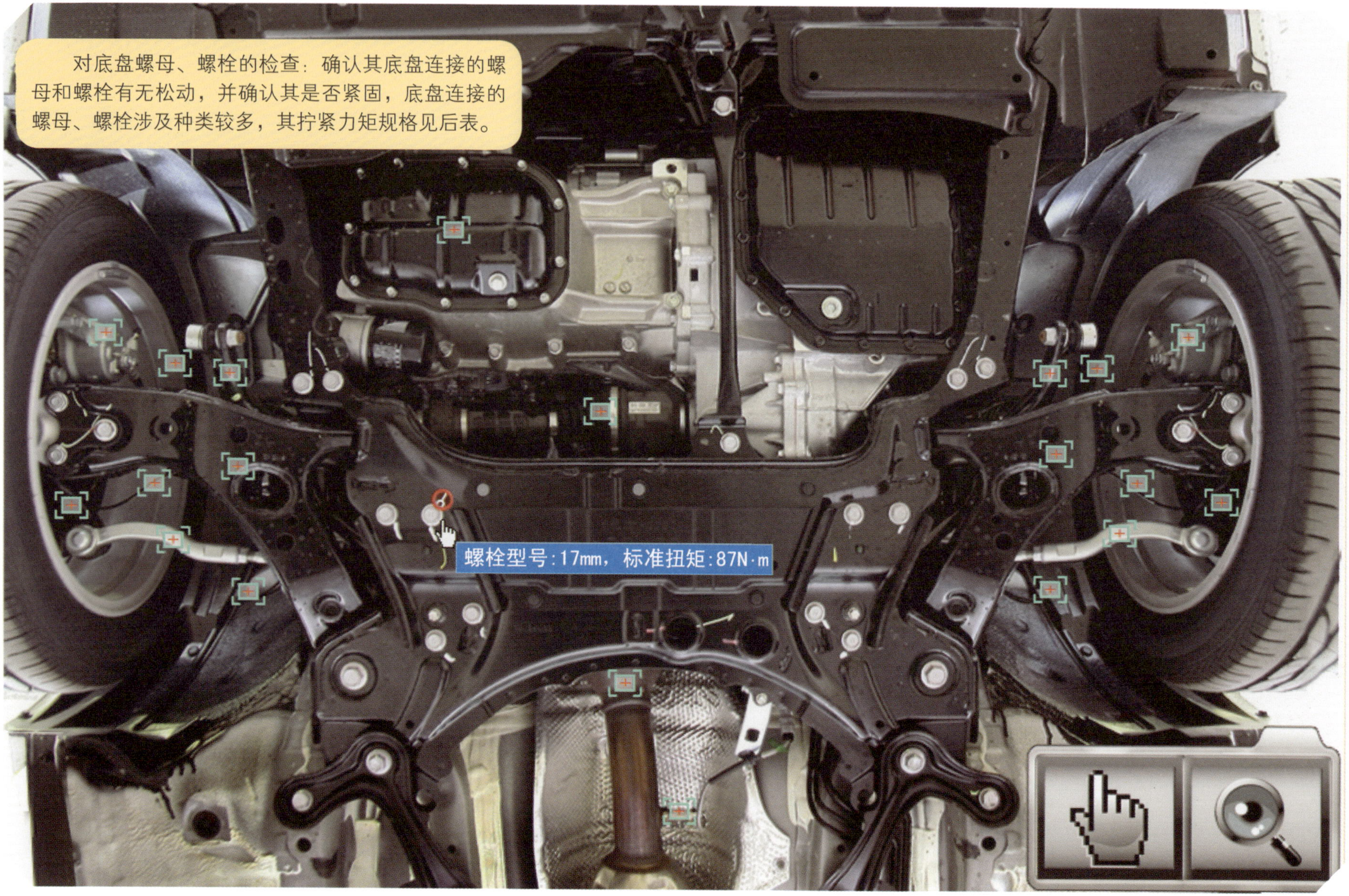
对底盘螺母、螺栓的检查：确认其底盘连接的螺母和螺栓有无松动，并确认其是否紧固，底盘连接的螺母、螺栓涉及种类较多，其拧紧力矩规格见后表。
螺栓型号:17mm，标准扭矩:87N·m

汽车底盘悬架等部件各连接螺栓拧紧力矩规格表

连 接 部 件	拧紧力矩（N·m）	所需工具及型号
前下悬架臂×前悬架横梁	172	22号　套筒+短脚杆
前下球节 ×前下悬架臂	89	17号　套筒+短脚杆
前悬架横梁 × 车身	145	19号　套筒+长脚杆
前制动卡钳×转向节	107	17号　套筒+短脚杆
前减振器×转向节	240	17号　套筒+短脚杆
稳定杆连杆 × 前减振器	74	17号　梅花扳手
稳定杆×稳定杆连杆	74	17号　梅花扳手
前悬架横梁前支架×前悬架横梁	87	17号　套筒+短脚杆
前悬架横梁后支架×车身	145	19号　套筒+长脚杆
前悬架横梁加强件固定螺栓	96	17号　套筒+短脚杆
横拉杆端头锁止螺母	74	检查并报出数据
横拉杆端头×转向节	49	检查并报出数据
转向机壳×前横梁	138	19号　梅花扳手
后桥横梁总成×车身	135	19号　套筒扳手或19号梅花扳手
制动分泵×背板	57	14号　套筒+长脚杆
后减振器×后桥横梁总成	90	19号　套筒+短脚杆
排气管	43	14号　套筒+长脚杆
燃油箱	39	14号　套筒+长脚杆

五、举升位置四

下降举升机，确保周围安全，下降至中位，填写检查单 。

检查车轮轴承，转动轮胎检查其有无噪声及是否平稳转动。
车轮转动正常

五、举升位置四

按“左前—左后—右后—右前”顺序用规定工具依次拆下4个轮胎。注意：拆下前做好相应标记。

五、举升位置四

转动轮胎，检查轮胎外观是否有裂纹和损坏，检查胎面异常磨损情况，是否嵌入金属碎片和杂物，检查轮毂是否损坏或腐蚀。
正常、无损坏

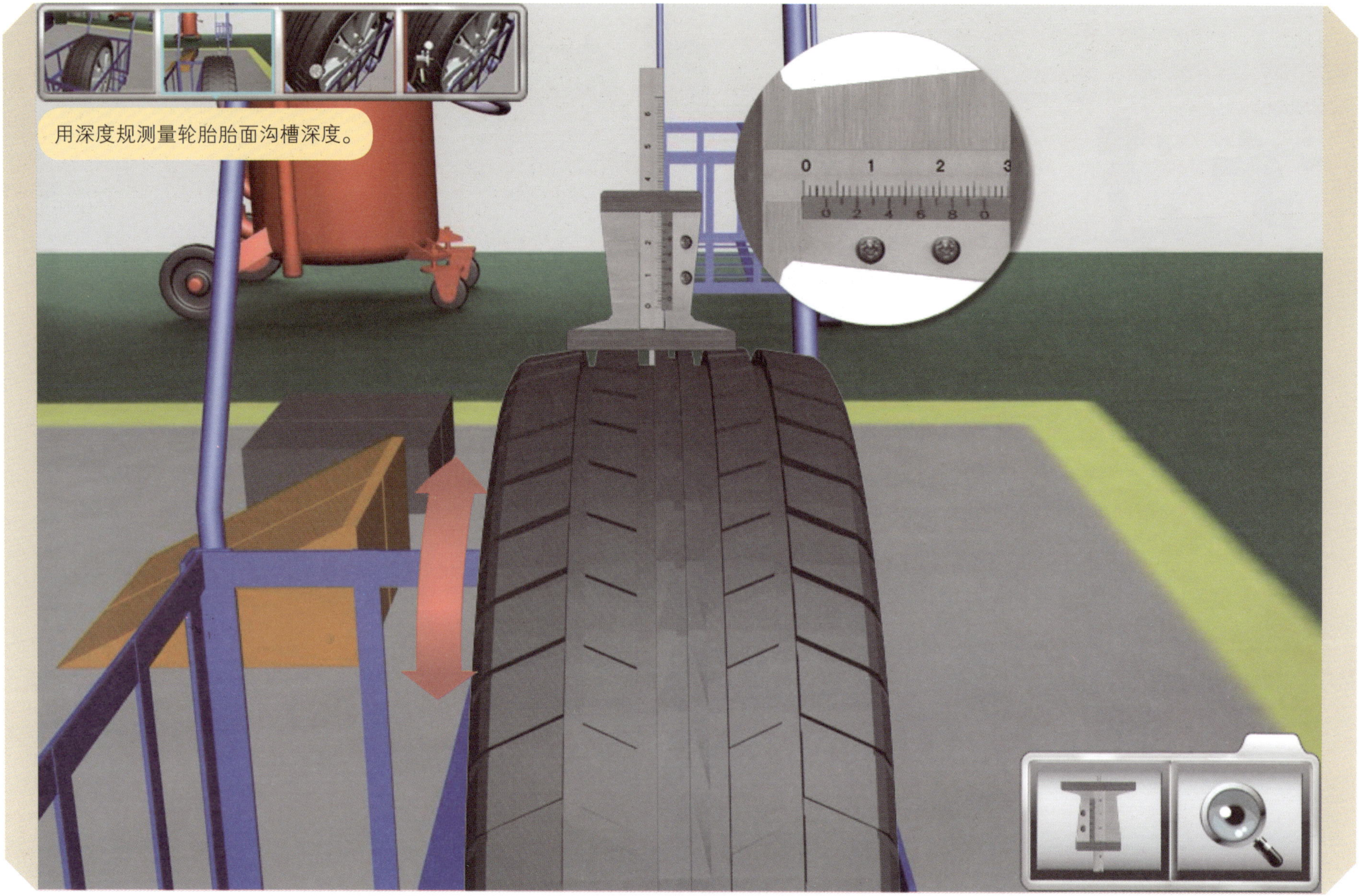
用深度规测量轮胎胎面沟槽深度。
0 1 2 3
0 2 4 6 8 0

轮胎气密性检查：使用肥皂水涂抹在气门嘴处，检查轮胎的气密性。
使用肥皂水检查轮胎气密性

五、举升位置四

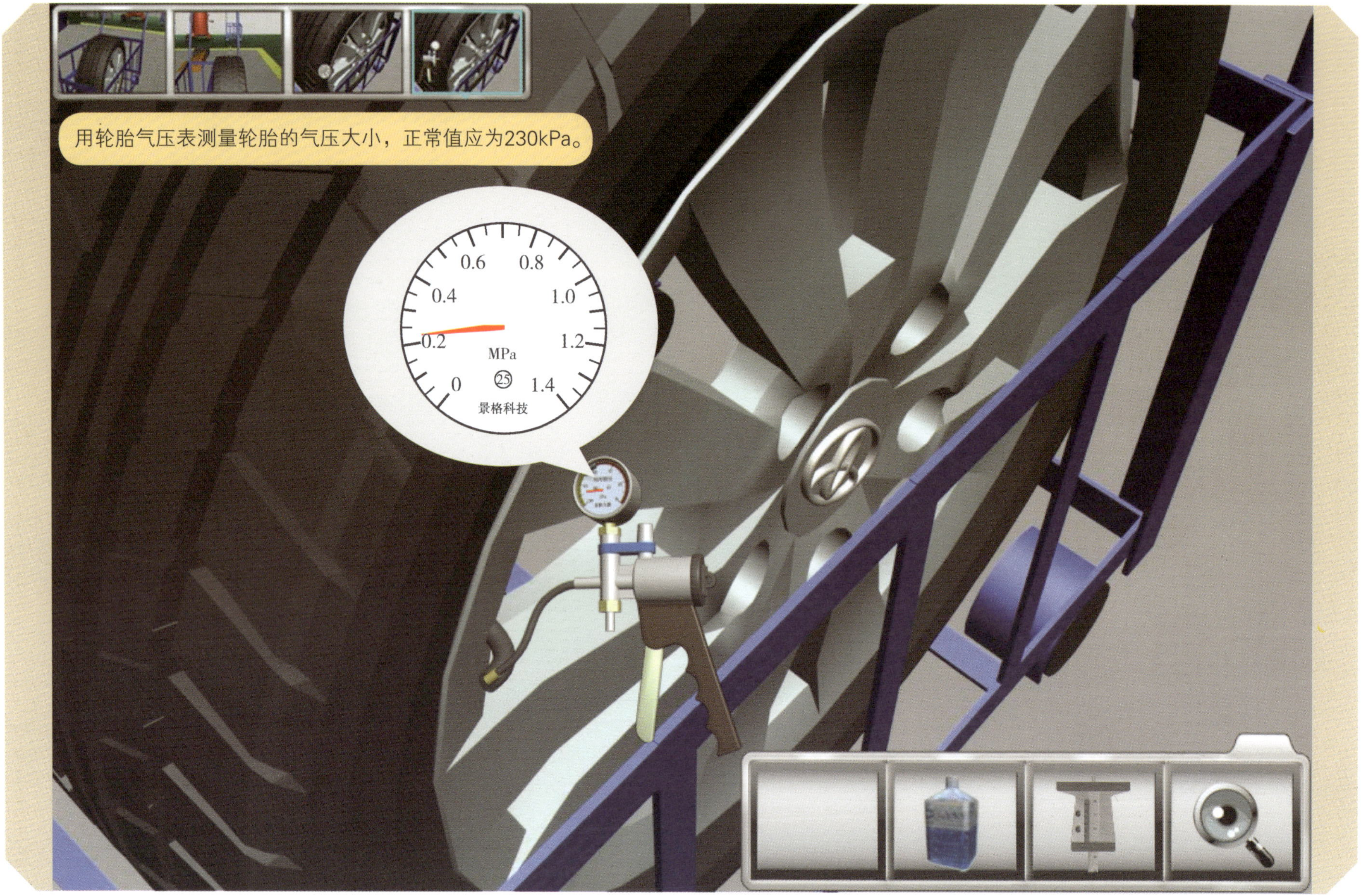
用轮胎气压表测量轮胎的气压大小，正常值应为230kPa。
0.6
0.8
0.4
1.0
0.2
1.2
MPa
0
25
1.4
景格科技

检查盘式制动器：用规定型号的梅花扳手和开口扳手拆卸制动卡钳。

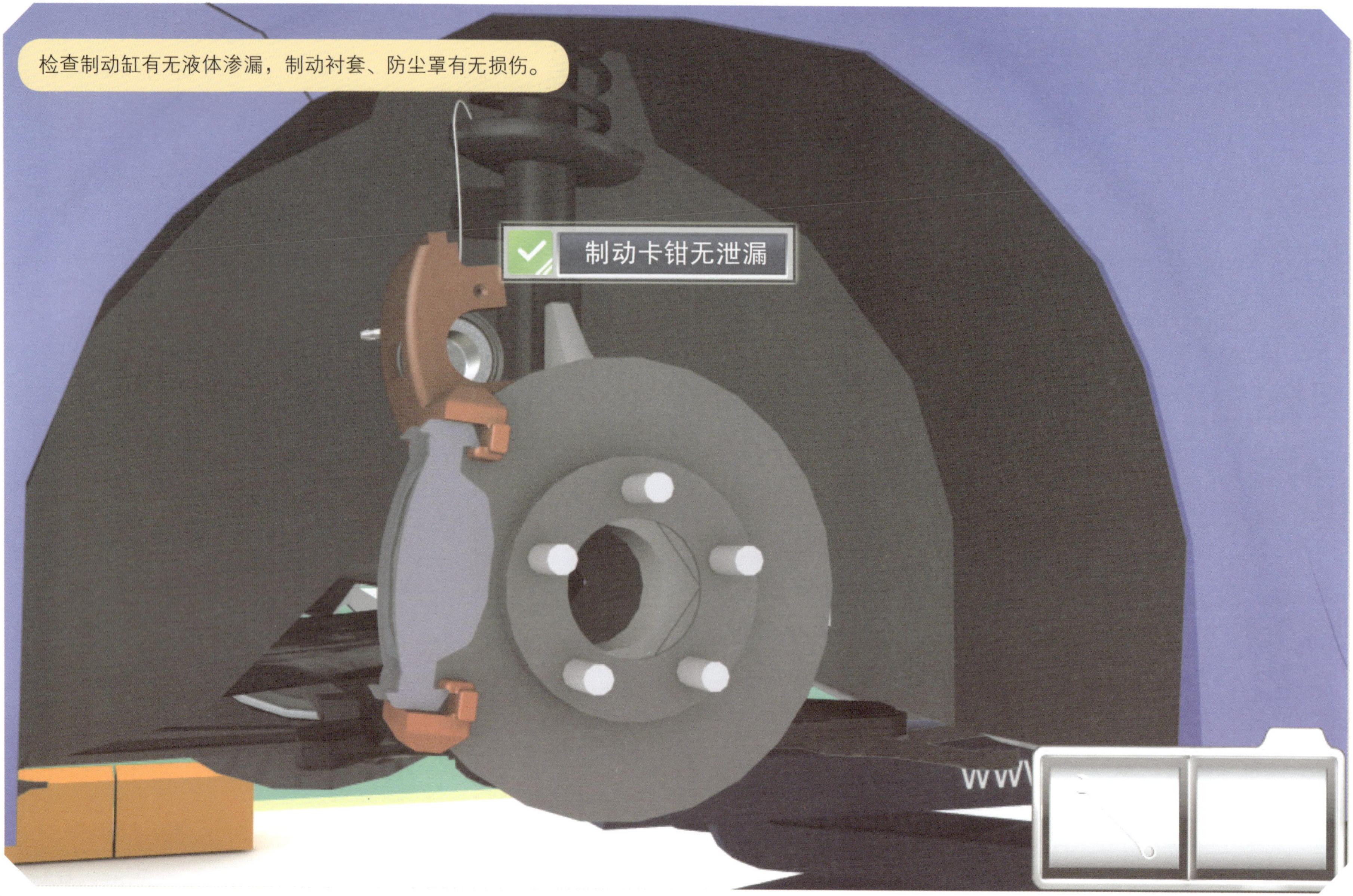
检查制动缸有无液体渗漏，制动衬套、防尘罩有无损伤。
制动卡钳无泄漏

拆下制动器摩擦片，目视制动器摩擦片内侧厚度，用游标卡尺测量制动器摩擦片外侧厚度，标准值应为22mm，最小不应小于19mm。同时，检查制动器摩擦片不均匀磨损情况。

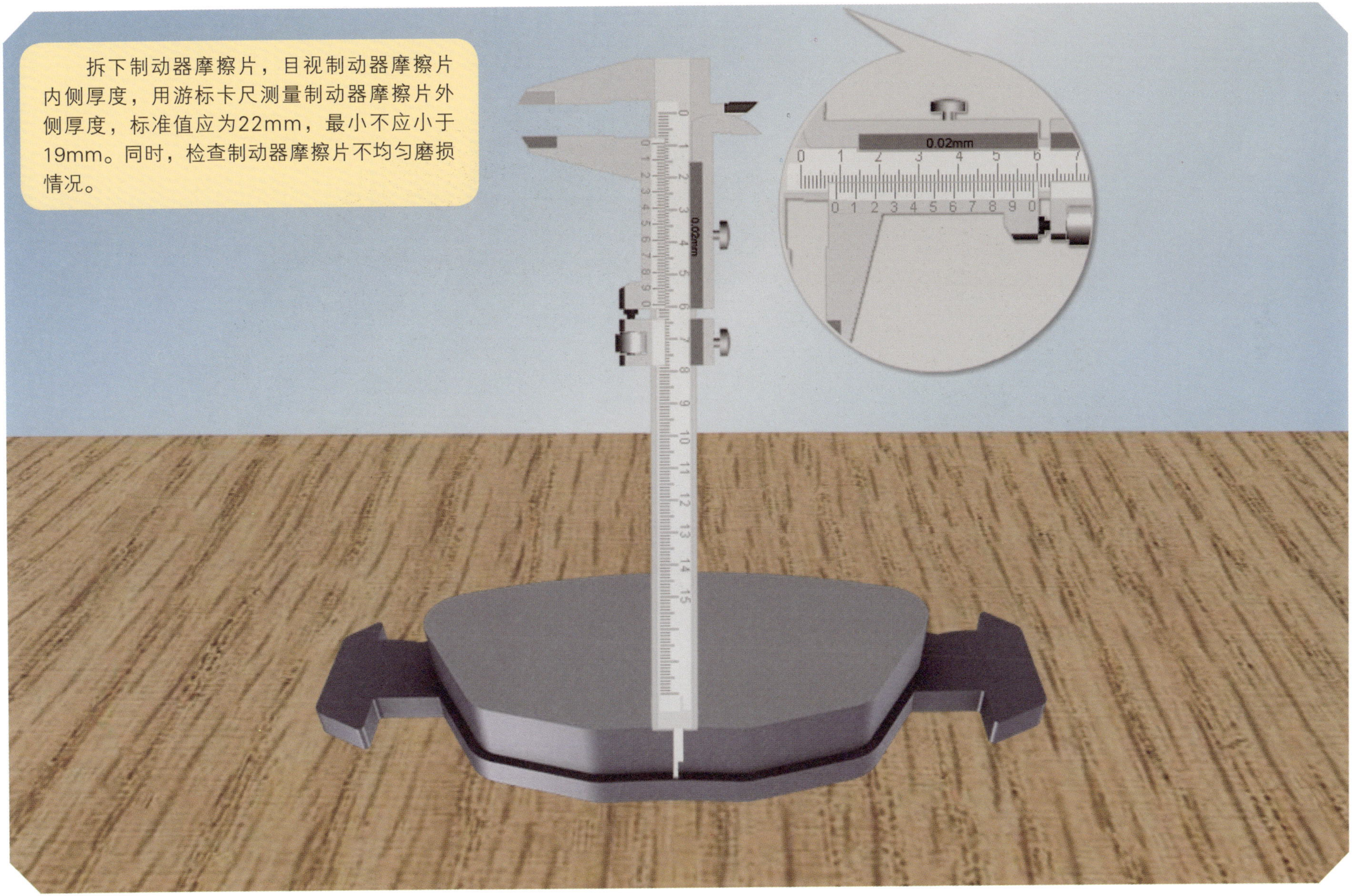

五、举升位置四

使用千分尺测量制动盘厚度，测量前先清洁工具，并将其调到零位置，用百分表测量制动盘的偏摆，注意要求在离盘外边缘10mm处，安装两个轮毂螺母，转动制动盘，检查制动盘有无刻痕、异常磨损、不均匀以及裂纹和其他损伤。

安装制动衬片及制动卡钳，安装前需在消声垫片上涂抹润滑脂，完成安装后，使用开口扳手和扭矩扳手进行紧固。
www.jingge.com

六、举升位置五

制动拖滞检查：驻车制动器拉杆来回推拉若干次，踩下制动踏板若干次，转动制动盘看是否有拖滞。
制动盘无故障

七、举升位置六

按“左前—左后—右后—右前”顺序更换制动液，并临时安装车轮。

八、举升位置七

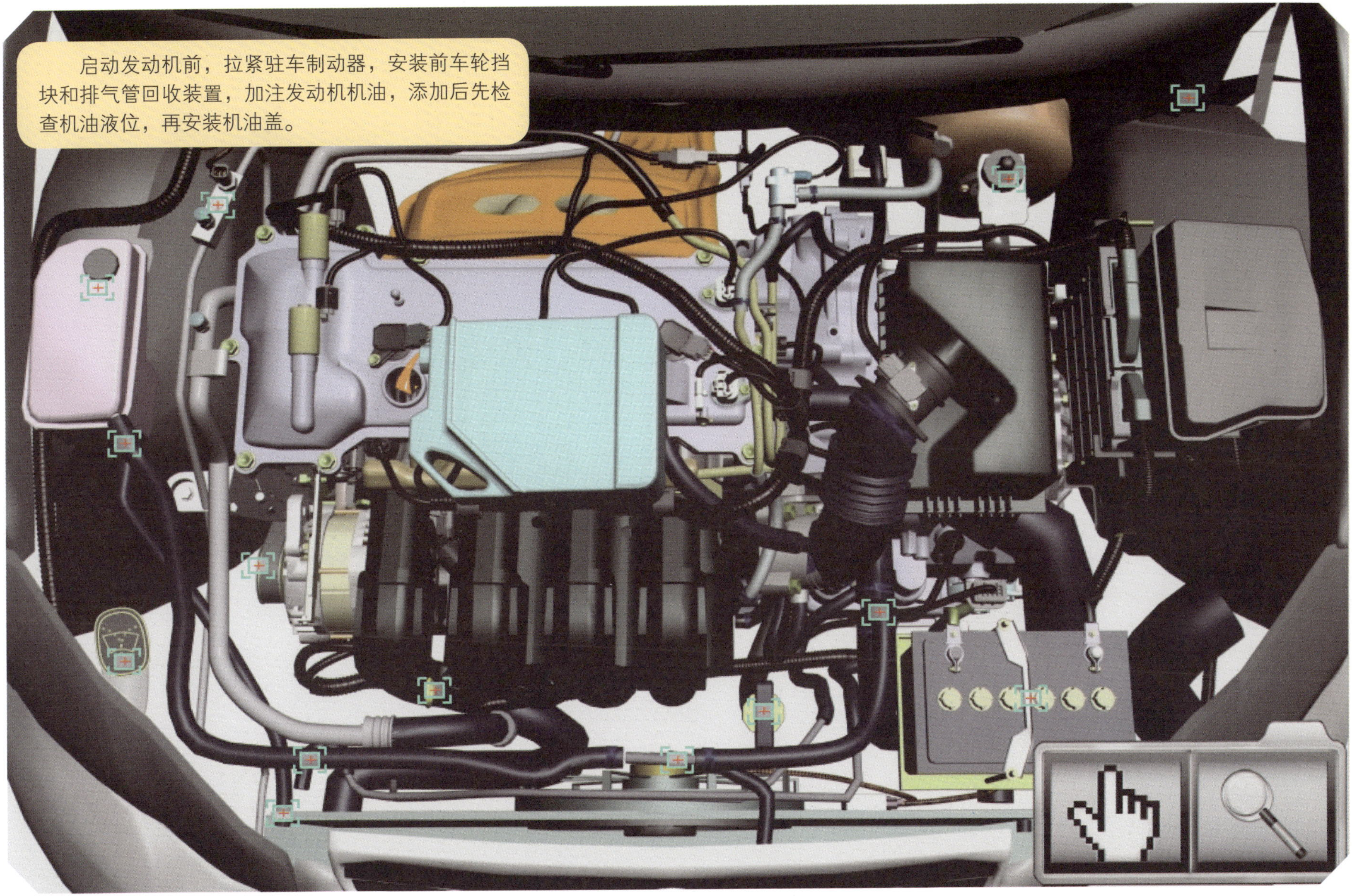
启动发动机前，拉紧驻车制动器，安装前车轮挡块和排气管回收装置，加注发动机机油，添加后先检查机油液位，再安装机油盖。

八、举升位置七

检查蓄电池端子和导线是否腐蚀、松动，通风孔是否损坏或堵塞，使用相对密度计测量蓄电池所有单元格的相对密度值 。

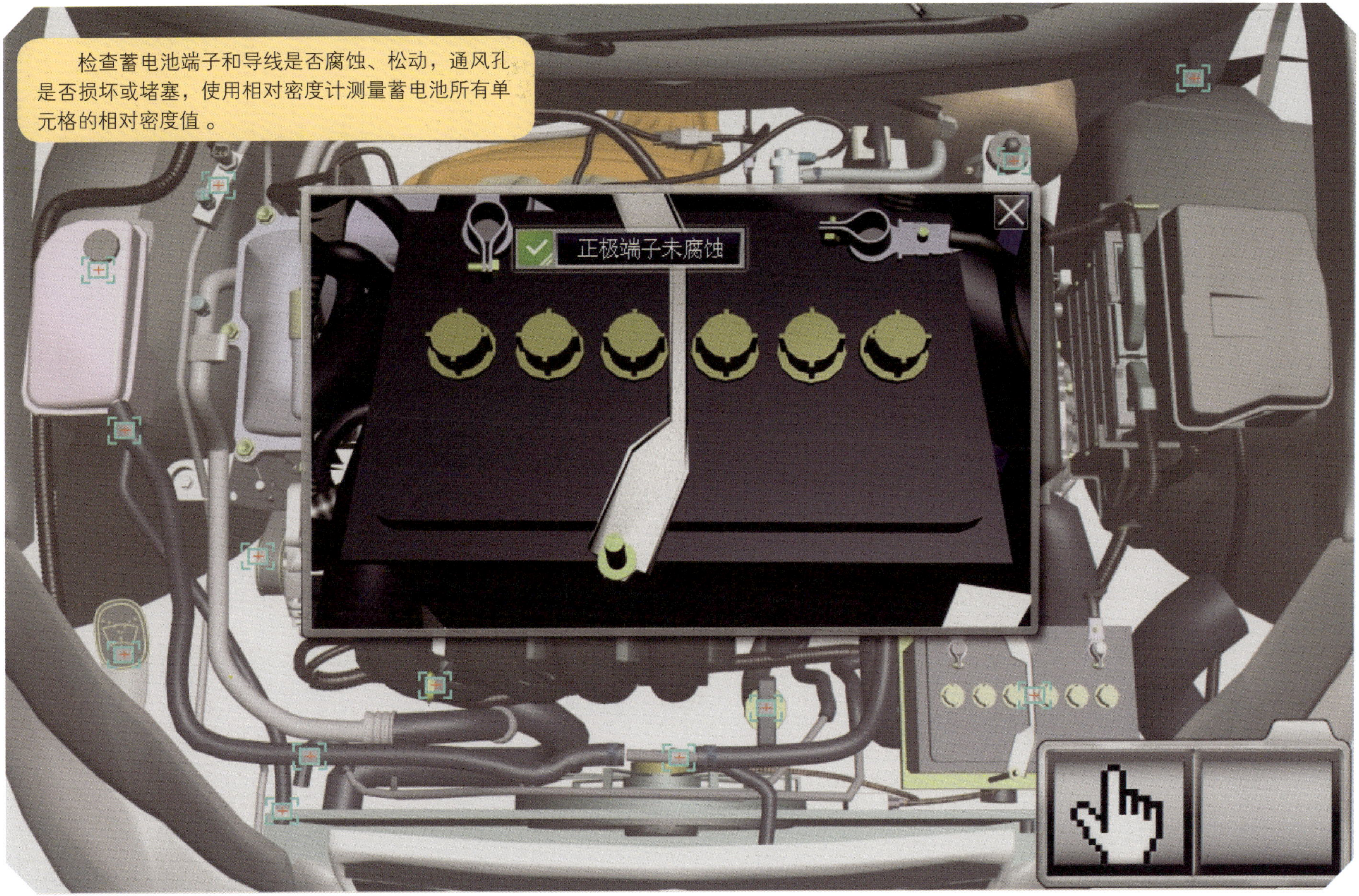

八、举升位置七

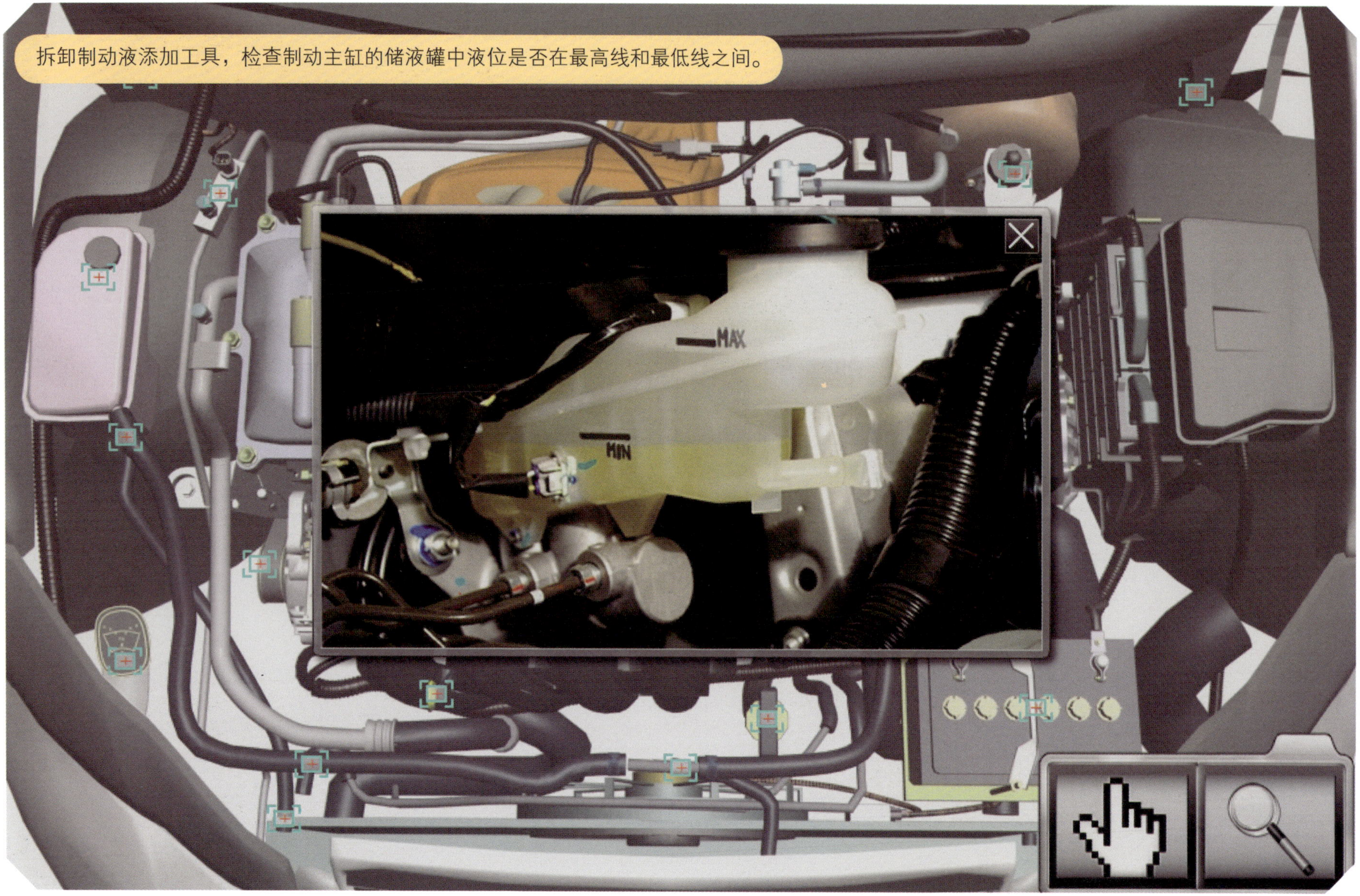

检查制动主缸是否有液体渗漏，检查制动管路是否有渗漏 。
MAX
MIN
接口处无裂纹、无泄漏

八、举升位置七

使用扭矩扳手紧固前减振器上支承，检查是否松动。

八、举升位置七

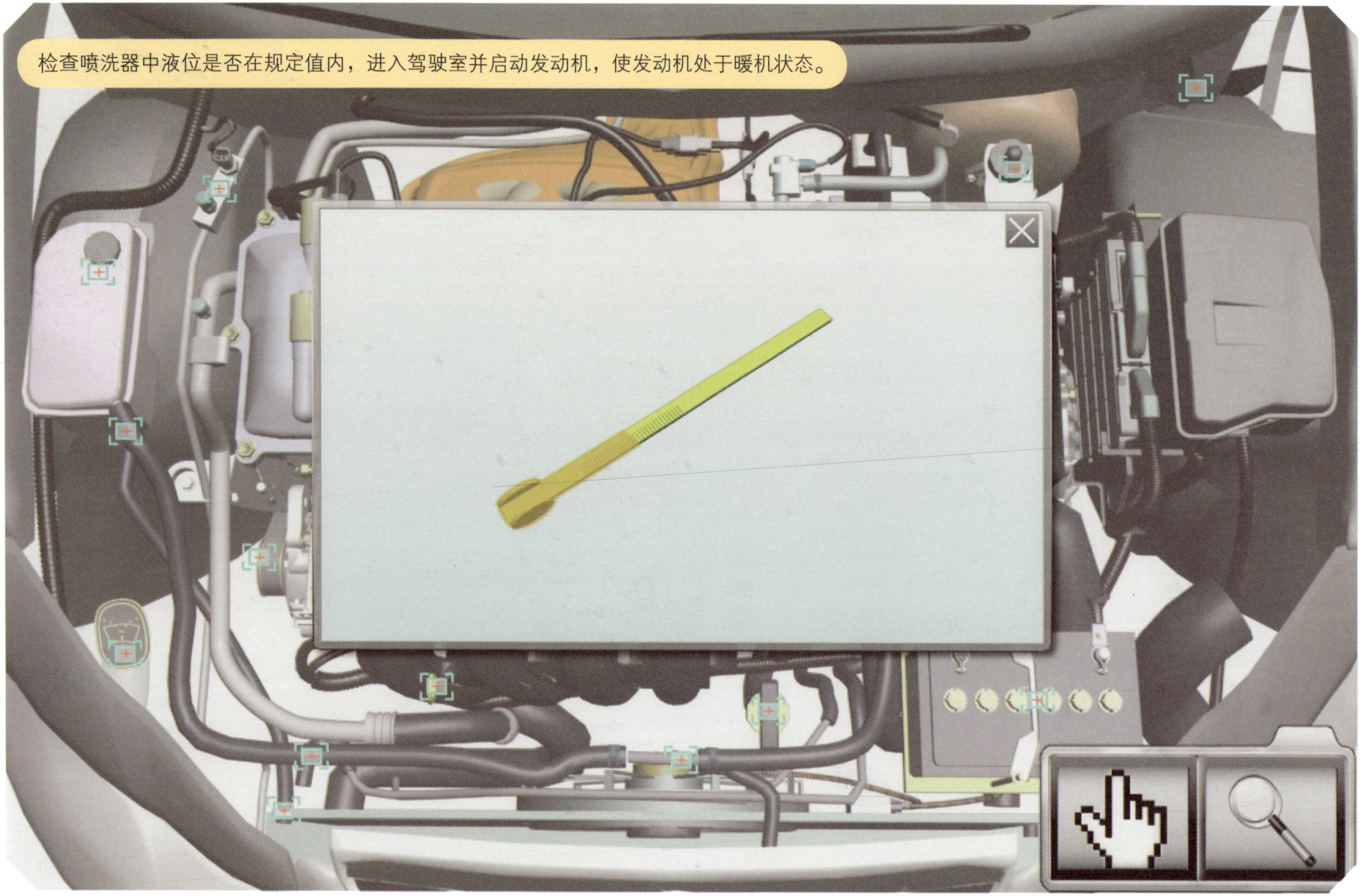

紧固轮毂螺母，使用扭矩扳手拧紧至规定扭矩——103N·m。

八、举升位置七

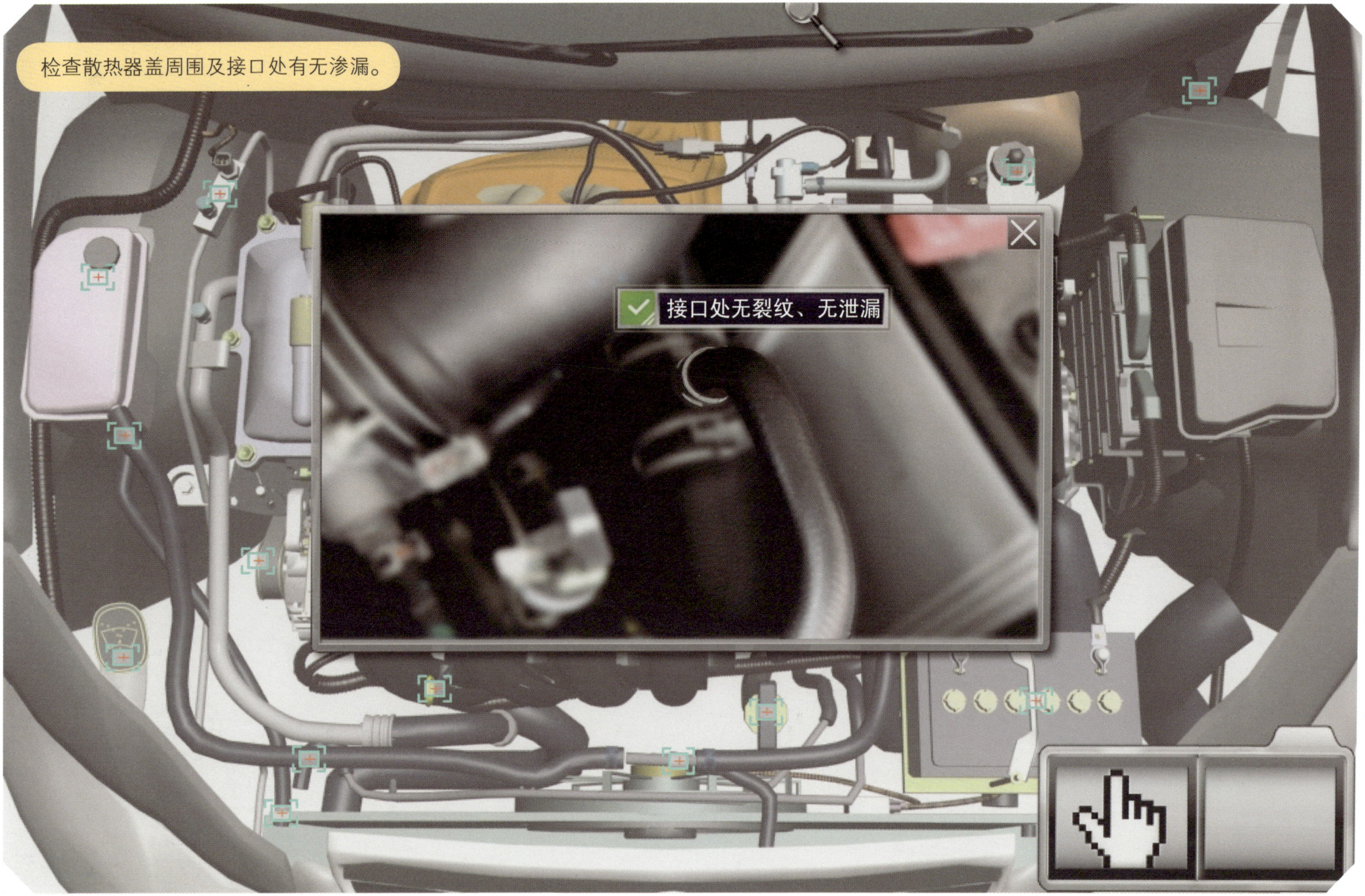

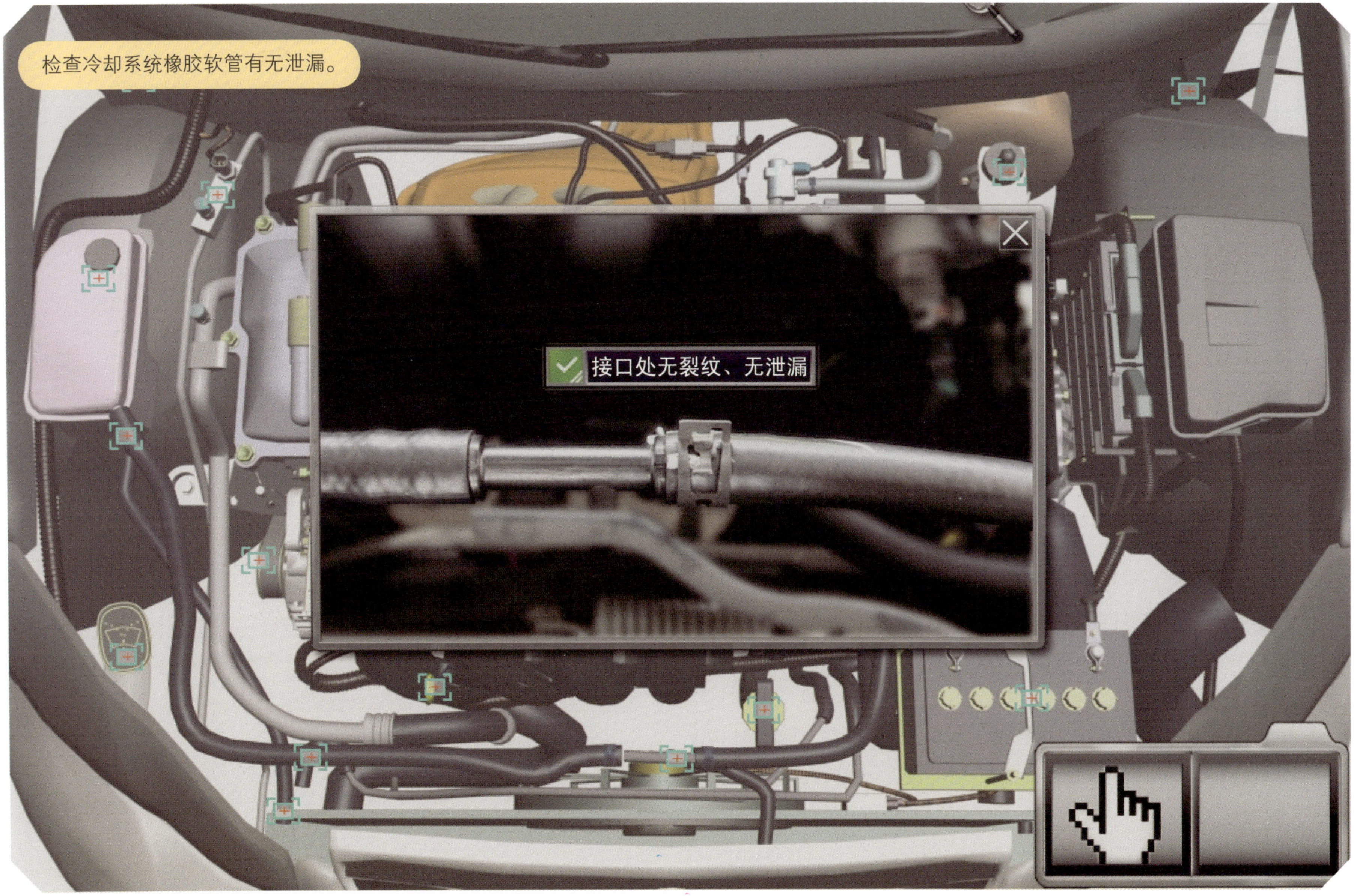
检查冷却系统橡胶软管有无泄漏。
接口处无裂纹、无泄漏

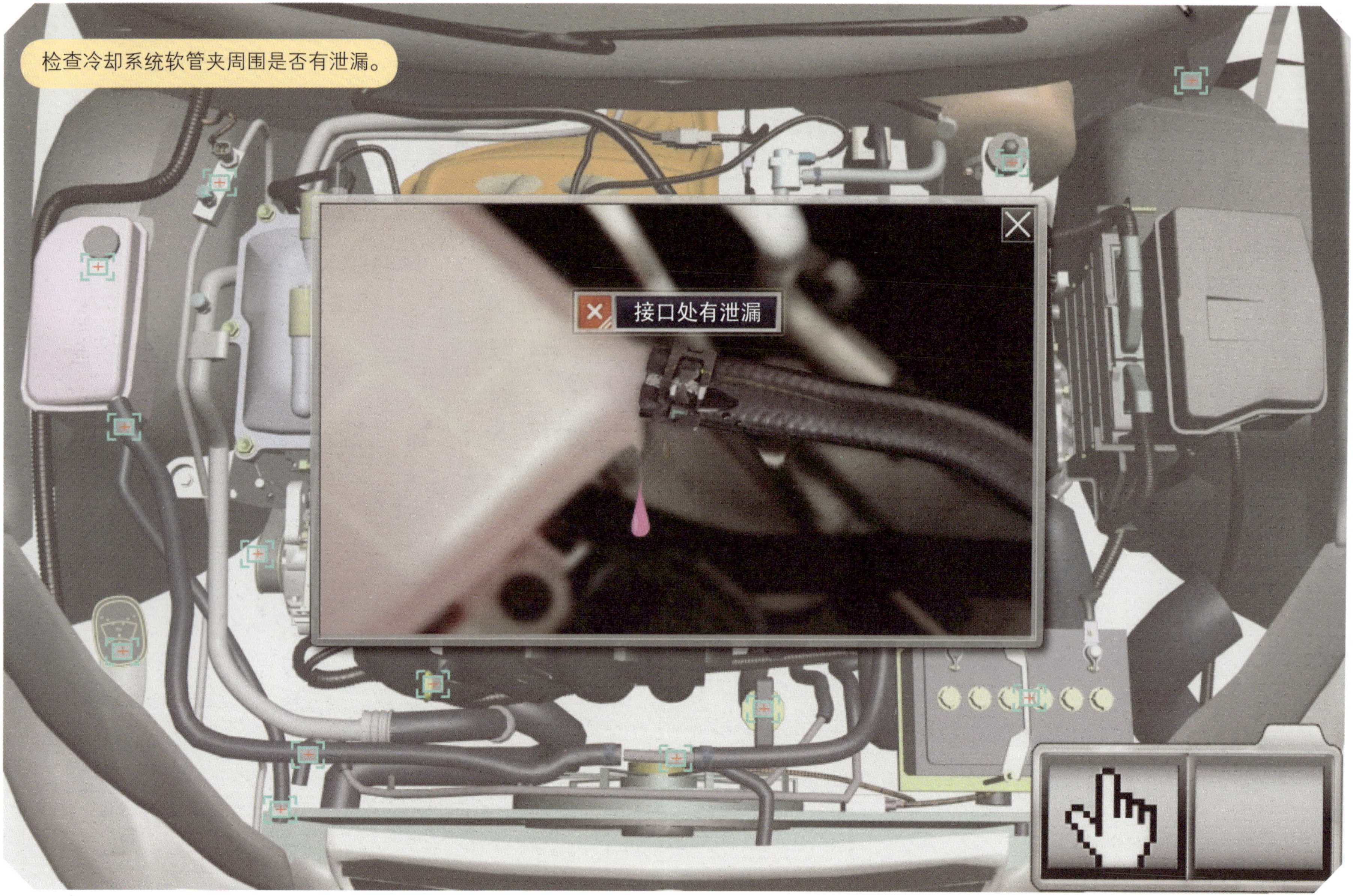
检查冷却系统软管夹周围是否有泄漏。
接口处有泄漏

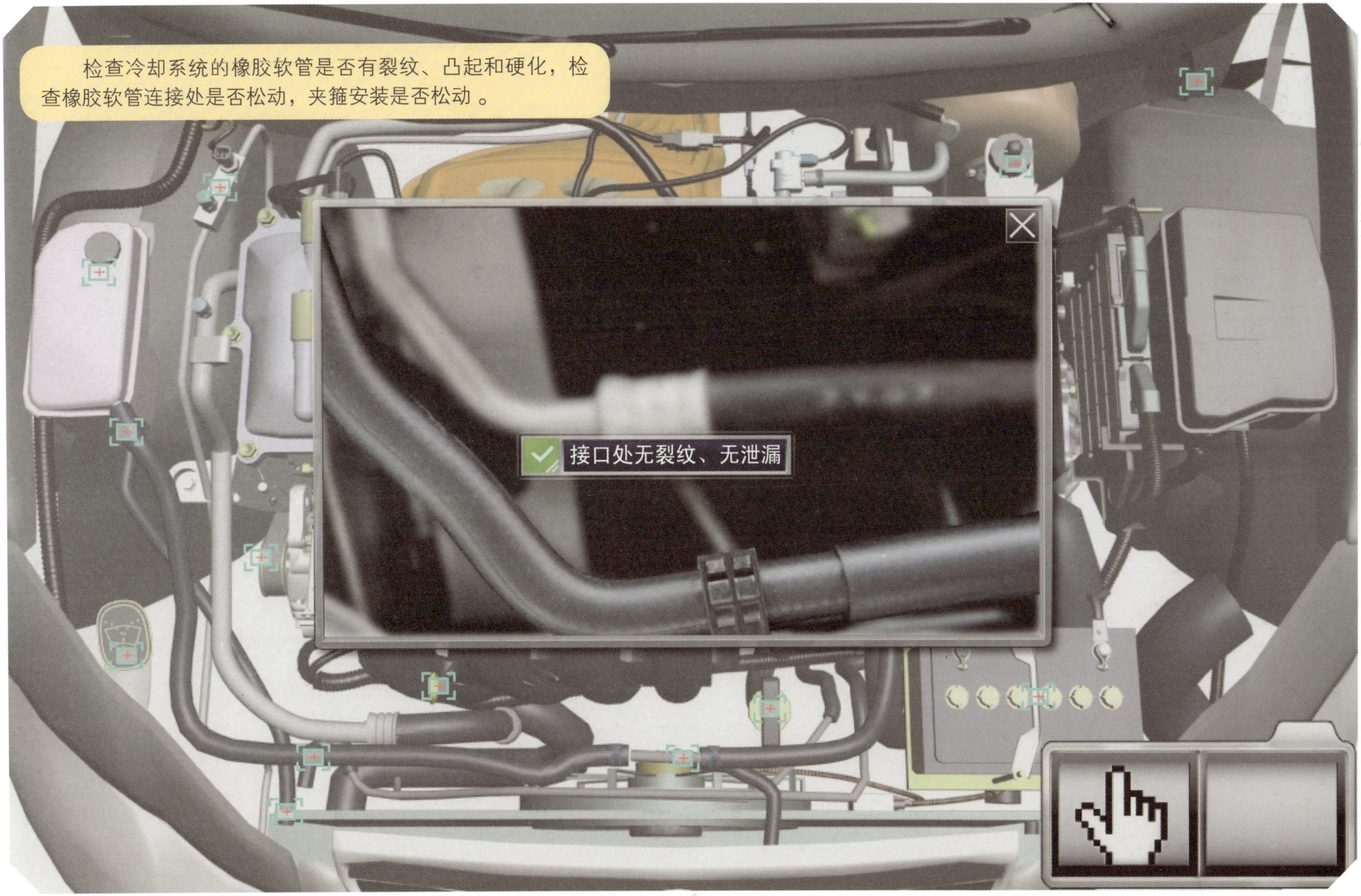
检查冷却系统的橡胶软管是否有裂纹、凸起和硬化，检查橡胶软管连接处是否松动，夹箍安装是否松动 。
接口处无裂纹、无泄漏

检查散热器接口处是否有泄漏。
接口处无裂纹、无泄漏

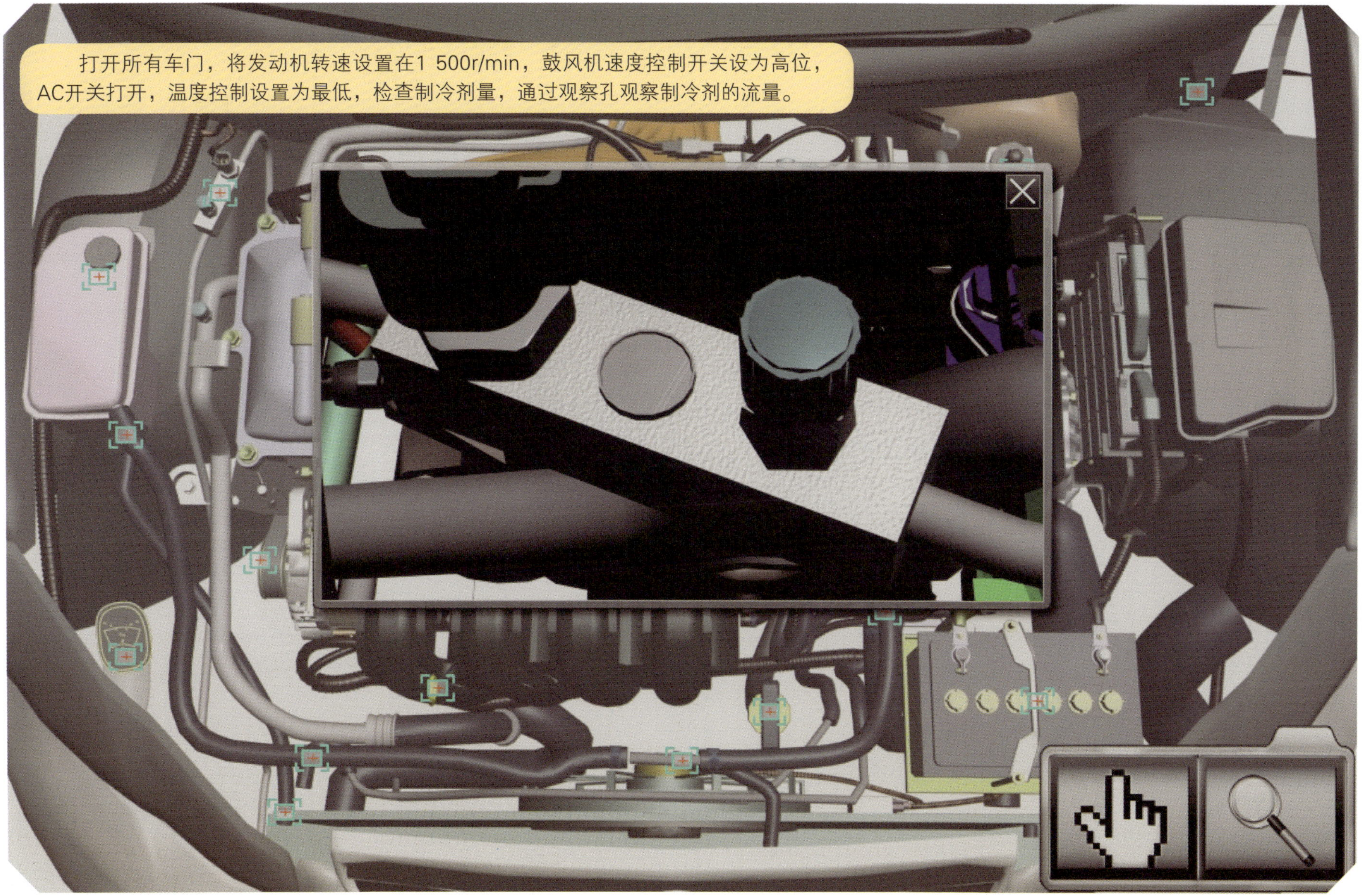
打开所有车门，将发动机转速设置在1 500r/min，鼓风机速度控制开关设为高位，AC开关打开，温度控制设置为最低，检查制冷剂量，通过观察孔观察制冷剂的流量。

八、举升位置七

发动机怠速时，踩下制动踏板，切换自动变速器挡位P—L，再回到P，发动机怠速时，转动转向盘数次，以便使转向液温度升高到40℃~80℃之间，然后回退转向盘到中间位置，检查自动变速器液位是否正常，检查动力储液罐液位是否正常，检查与储液罐相连的软管是否渗漏，停止发动机，观察动力转向液与发动机工作时的差别。
COOL
HOT
自动传动桥液标尺

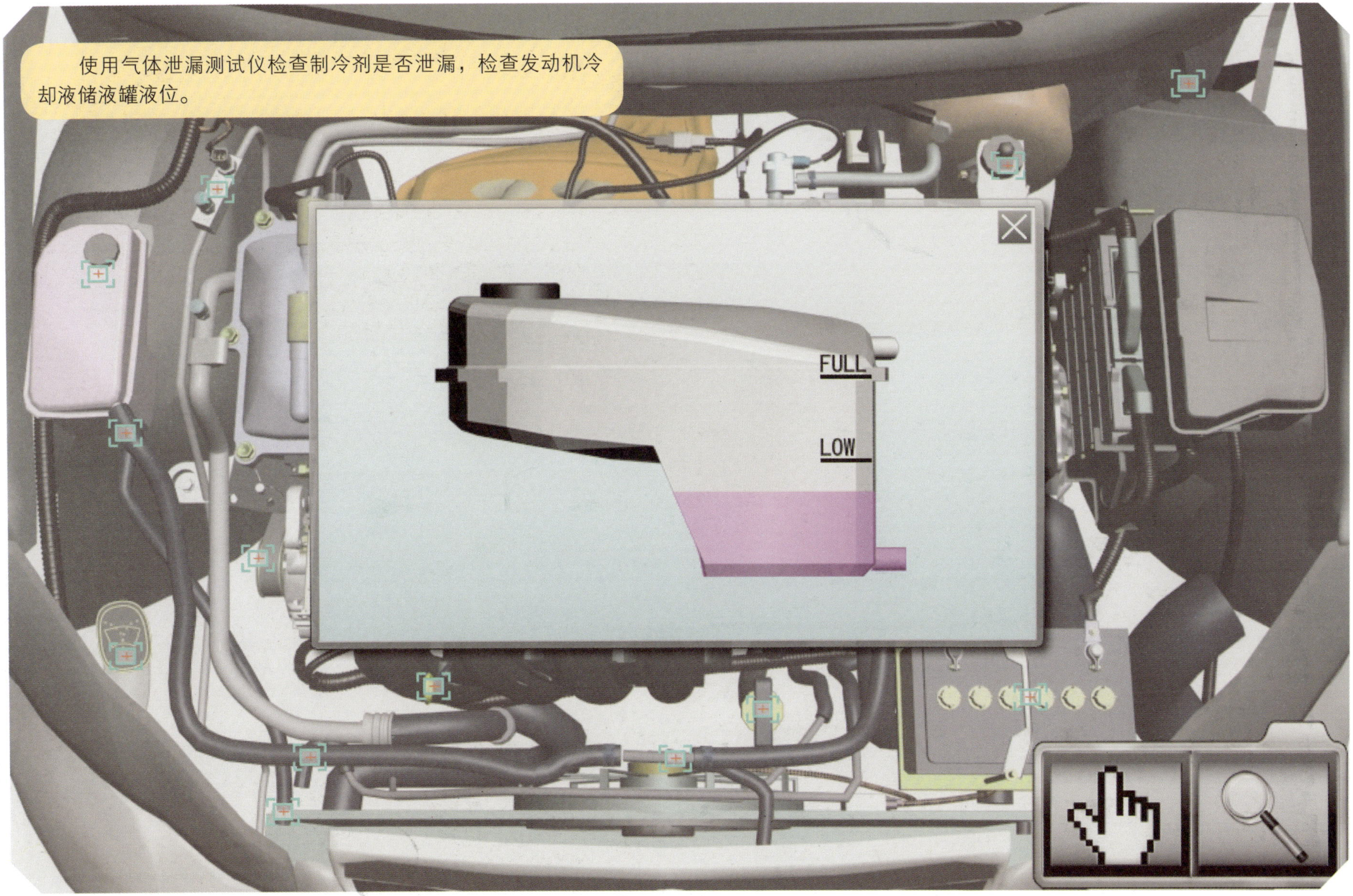
使用气体泄漏测试仪检查制冷剂是否泄漏，检查发动机冷却液储液罐液位。
FULL
LOW

八、举升位置七

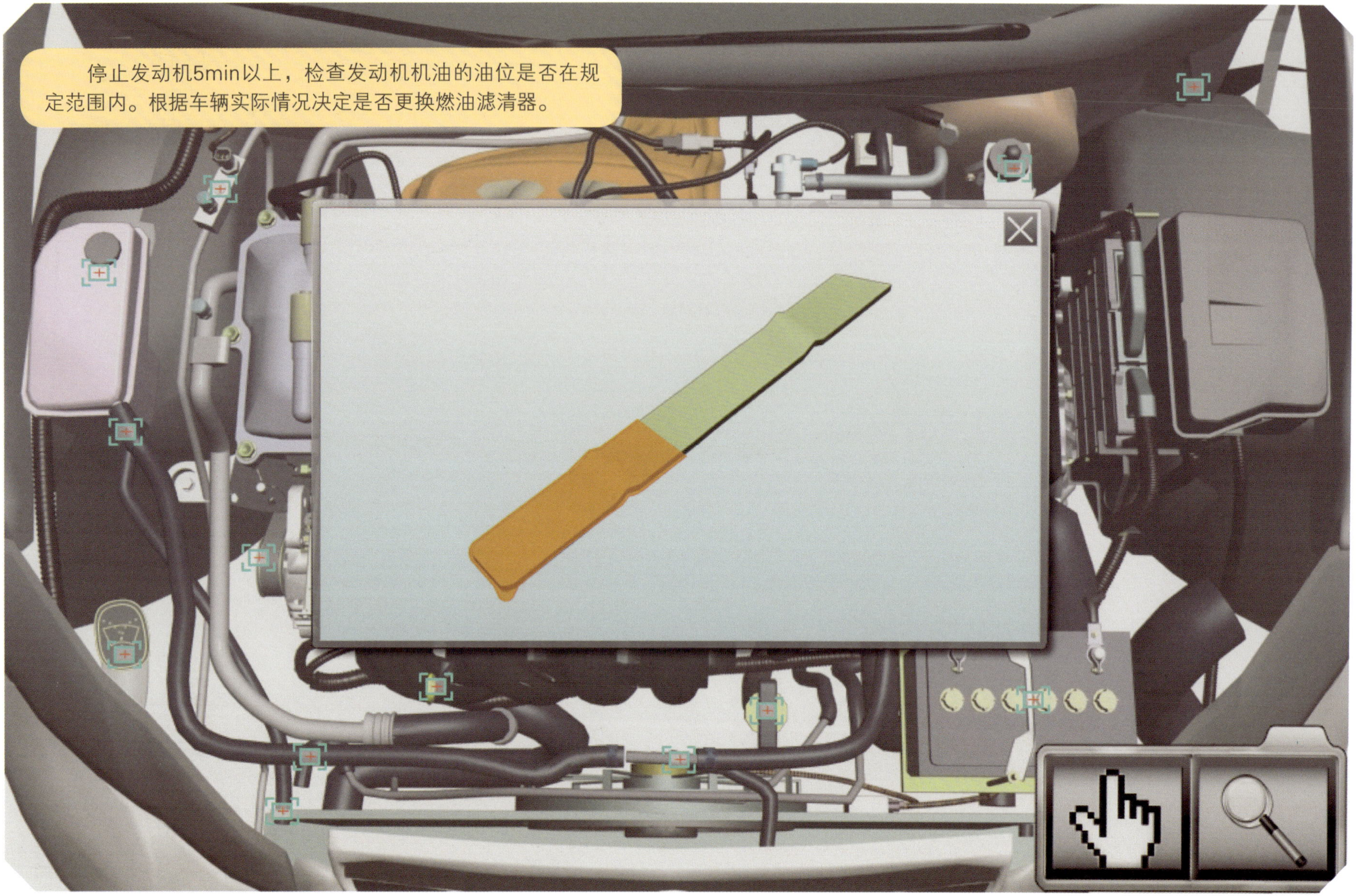

确认周围安全，操作举升机升至高位，填写检查单。

最终检查：确认发动机机油、制动液无泄漏，确认零部件检查，确认机油滤芯等更换零部件的安装状况，填写检查单。

恢复清洁：将收音机、时钟复位，调整座椅位置，清洁车身内部及烟灰缸等部件。

十、举升位置九

二级维护检查程序表

顶起位置	1 		2 		3 		4 	
检　查	灯（驾驶人座椅）		球节		发动机机油		车轮轴承	
	风窗玻璃清洗器				手动传动桥油		拆卸车轮	
	风窗玻璃刮水器				自动传动桥液		轮胎	
	扬声器				驱动轴护套		盘式制动器	
	驻车制动器				转向连接机构		鼓式制动器	
	制动器				手动转向机			
	离合器				动力转向液			
	转向盘				制动管路			
	门控灯开关				燃油管路			
	车身的螺母和螺栓				排气管道和安装件			
	油箱盖				螺母和螺栓（在车辆下面）			
	悬架				悬架			
	车灯				发动机机油滤清器			
	备胎				发动机机油排放塞			
					油脂更换（参考）			

十一、二级维护检查程序表

续上表

5	6	7	8	9	

制动拖滞	制动液的更换	发动机机油（加注）	重新检查	清洁每个部件	道路试验
制动液更换工具安装		发动机冷却液		车辆维护	
	车轮的安装	散热器盖			
		传动皮带			
		火花塞			
		蓄电池			
		制动液			
		制动管线			
		离合器液			
		空气滤清器			
		炭罐			
		前减振器上支承			
		喷洗液			
		轮毂螺母再旋紧			
		PCV系统			
		发动机冷却液			
		怠速混合气			
		自动传动桥液			
		空调			
		动力转向液			
		发动机机油			
		气门间隙			
		燃油滤清器			